# 分野別

## 集中レッスン

# 国語 語彙力

海老原成彦[編著]

文英堂

# はじめに

「まったくの初歩《しょほ》から、難関《なんかん》中学に合格《ごうかく》できるレベルにまで到達《とうたつ》するために必要《ひつよう》なことのうち、もっとも大切なことをできるかぎり短時間で身につける。」

これが本書の目的《もくてき》です。国語がのびなやんでいる人、国語の上手な勉強方法《ほうほう》がわからない人、そしてこれから受験《じゅけん》勉強を始めようとしている人、それぞれの人たちにとって大切なことをムダなくトレーニングできるようになっています。

人間の脳《のう》は、単純《たんじゅん》に暗記した知識《ちしき》や解《と》き方《かた》よりも、自分で考え、そして気づいたことの方を結果《けっか》としてよく記憶《きおく》しているものです。そのため本書も、さまざまな形式の設問《せつもん》を解くことを通して、知識《ちしき》や解《と》き方《かた》が身につくように構成《こうせい》されています。

語彙《ごい》力をのばすには、ことばそのものだけでなく、その意味や用法《ようほう》までを正確《せいかく》に理解《りかい》しなければなりません。そこで、勉強が非効率《ひこうりつ》な作業にならないように、学習する範囲《はんい》を適切《てきせつ》にしぼりこむ必要《ひつよう》があります。本書は、身につけるべき最《さい》低限《ていげん》の語彙を、小学生が理解しやすいように分類《ぶんるい》・整理し、そのうえで対義語《たいぎご》や同義語《どうぎご》などに派生《はせい》させていくように構《こう》成《せい》されています。また、微妙《びみょう》なニュアンスのちがいを持つことばについても、例文《れいぶん》を通して理解を深め、記述《きじゅつ》する際《さい》に「使える語彙」として身につけられるようにしています。

本書が、みなさんが夢《ゆめ》をかなえるための一助となることを願《ねが》ってやみません。

編著者《へんちょしゃ》

# この本の特色と使い方

『中学入試　分野別集中レッスン　国語』シリーズは、中学入試《にゅうし》の国語で必要《ひつよう》とされる四つの力（読解《どっかい》力、漢字・文法《ぶんぽう》力、語彙《ごい》力、記述《きじゅつ》力）を、それぞれ、短期間でレベルアップさせることを目的《もくてき》に作られました。

## 1. 入試問題の正解《せいかい》を導《みちび》くための語彙が身につく

ページの上段《じょうだん》には、おぼえる語と例文《れいぶん》があります。下段《げだん》には、上段の語が正しく使えるかをチェックする問題があります。まず、小説文《しょうせつぶん》などで使われる、気持ちやようすを表すことばから始めて、四字熟語《じゅくご》や慣用《かんよう》句《く》、ことわざなどを学び、最後《さいご》に、論説文《ろんせつぶん》などで使われる少し難《むずか》しい語にチャレンジします。

## 2. 弱点をなくしていける「練習問題」

各章《かくしょう》の終わりには練習問題を置《お》いてあります。おもに、それぞれの項目《こうもく》で挙《あ》げている例文を使った問題です。解《と》いてみると、どれだけの語をおぼえたかがわかりますので、弱点の強化をしていきましょう。

## 3. 実戦力《じっせんりょく》がつく「仕上げの問題」と「入試問題にチャレンジ」

「練習問題」のあとの「仕上げの問題」と、本の最後にある、実際《じっさい》の試験《しけん》問題を集めた「入試問題にチャレンジ」では、より実戦的《じっせんてき》になり、わざと項目にない語も交《ま》ぜています。けれども、むやみに難しい問題はありませんので、落ちついて解いて、今のレベルを確認《かくにん》してみましょう。

# もくじ

## 1章 気持ちを表すことば



## 2章 ようすを表すことば



## 3章 三字熟語《じゅくご》と四字熟語

# 1 「喜《よろこ》び」「楽しさ」を表すことば

**ポイント1**

**「喜《よろこ》び」「楽しさ」は、「その気持ちになった理由」、または「対象《たいしょう》」に注意しよう。**

**1 晴れやかだ**（いやな気分がまったくなくて、心が軽い）

例　なやみが解決《かいけつ》した姉はとても晴れやかな顔をしている。

**2 ほこらしい**（望《のぞ》みがかなって自信《じしん》にあふれる）

例　みんなの前で表彰《ひょうしょう》されて、とてもほこらしかった。

**3 ほほえましい**（思わずほほえみたくなるほど好《この》ましい）

例　一年生の合唱《がっしょう》を聞いて、ほほえましい気持ちになった。

**4 得意《とくい》になる**（望みがかなってほこらしい気持ちになる）

例　先生にほめられて得意になった。

## やってみよう

次の文の〔　　〕にふさわしいことばを選《えら》ぼう。

① 難関《なんかん》大学に合格《ごうかく》した兄がみんなから祝福《しゅくふく》されるのを見ていると、まるで自分のことのように〔ア　ほほえましかった　イ　ほこらしかった　ウ　満足感にひたった〕。

② 夏休みいっぱいかけて、ぶ厚《あつ》い問題集を一冊《いっさつ》仕上げたときには言いようもない〔ア　満足感を味わった　イ　ほこらしさを感じた　ウ　ほほえましかった〕。

③ まだ小さい弟と妹が、声を合わせて大きな荷物を運んでいる姿《すがた》を見て〔ア　晴れやかな　イ　ほほえましい　ウ　得意になる〕気持ちになった。

④ ささいなことから口をきかなくなっていた友達《ともだち》と仲直《なかなお》りすることができ、〔ア　ほこらしい　イ　晴れやかな　ウ　得意になる〕気持ちになった。

⑤ 先生から博識《はくしき》だとほめられたことで〔ア　得意になった　イ　晴

## 5 満足感《まんぞくかん》を味わう・～にひたる

（望《のぞ》みがかなって、満《み》ち足《た》りる）

例 何時間もかけて登った山頂《さんちょう》で、満足感にひたった。

## 6 快《こころよ》い

（気持ちがよい。いやなところがない）

例 海辺《うみべ》のドライブは快い気持ちになれる。

## 7 なごやかだ

（おだやかだ。気持ちがやわらぐようだ）

例 母たちはなごやかにおしゃべりをしている。

## 8 上機嫌《じょうきげん》だ

（気分がよい。うれしいようす）

例 ひいきの力士《りきし》が勝ったので、祖父《そふ》は上機嫌だった。

## 9 心地《ここち》よい

（気持ちがよい。快《こころよ》い）

例 高原の風にふかれて、心地よい気持ちになる。

## 10 心がはずむ

（期待や喜《よろこ》びで心がうきうきする）

例 もうすぐクリスマスだと思うと心がはずむ。

---

れやかになった　ウ　ほほえましくなった〕彼《かれ》は、少し調子づいて自分の知識《ちしき》をひけらかし始めた。

⑥ 大会後の選手《せんしゅ》どうしの交流会は、はげしい試合《しあい》のあととは思えないほど、〔ア　快く　イ　心地よく　ウ　なごやかに〕進んでいった。

⑦ 父は昨日《きのう》会社でいいことがあったらしく、今日は朝から〔ア　心地よく　イ　上機嫌で　ウ　なごやかに〕鼻歌まじりに車を洗《あら》っている。

⑧ かぜのため休んだ次の日、友人が〔ア　心がはずんで　イ　快く　ウ　なごやかに〕ノートを貸《か》してくれた。

⑨ 夏休み中の学校はひっそりしていて、遠くからコーラス部の女子たちの〔ア　心地よい　イ　上機嫌な　ウ　心がはずむ〕歌声が聞こえてくる。

⑩ 家族そろって、北海道の祖父《そふ》と祖母《そぼ》に会いに行く前の日の晩《ばん》、〔ア　なごやかな　イ　心がはずむ　ウ　心地よい〕気持ちをおさえきれず、しばらく眠《ねむ》れなかった。

答え
①＝イ　②＝ア　③＝イ　④＝イ　⑤＝ア
⑥＝ウ　⑦＝イ　⑧＝イ　⑨＝ア　⑩＝イ

# 2 「怒《いか》り」「不満《ふまん》」を表すことば

**ポイント2**

だれからだれへの怒《いか》りか、という「人物間の関係《かんけい》」と「怒りの度合い」によって、ことばを使い分けるようにしよう。

**1 いきり立つ**（怒りがこみあげて興奮《こうふん》する）

例 ふてくされる店員に父はいきり立った。

**2 色をなす**（怒りのために顔色が変《か》わる）

例 若手議員《わかてぎいん》の追及《ついきゅう》に大臣《だいじん》もさすがに色をなした。

**3 気に障《さわ》る**（不愉快《ふゆかい》に思う）

例 姉の上から見下したような言い方が気に障った。

**4 ねたむ**（うらやましくて、にくらしく思う）

例 自分にできないことも軽々とこなす彼《かれ》をねたんだ。

**やってみよう**

次の文の〔　　〕にふさわしいことばを選《えら》ぼう。

① 自分だけが取り残《のこ》されたようで、成績《せいせき》がどんどん上がっていく友達《ともだち》が少し〔ア 苦り切った　イ 色をなした　ウ ねたましかった〕。

② 自分の党《とう》の候補者《こうほしゃ》が落選《らくせん》したとの報告《ほうこく》に、首相は〔ア 気に障った　イ 苦り切った　ウ いきり立った〕表情《ひょうじょう》をしている。

③ 相手の勝手な言い分に、ふだんはおとなしい兄が突然《とつぜん》〔ア 色をなして　イ 苦り切って　ウ 気に障って〕言い返した。

④ 近所のおばさんの息子を自慢《じまん》する話が嫌味《いやみ》に聞こえて〔ア 苦り切った　イ いきり立った　ウ 気に障った〕ので、ぼくは話につき合わず、その場をはなれた。

⑤ 勝つためには手段《しゅだん》を選ばない相手チームの、度重なる反則《はんそく》や危《き》険《けん》なプレーに〔ア ねたんだ　イ いきり立った　ウ 気に障った〕監督《かんとく》が激《はげ》しく抗議《こうぎ》した。

**5** **苦り切る**（ひどく機嫌《きげん》が悪いようすをする）

例 テストの結果《けっか》を見て、先生は苦り切った顔をしていた。

**6** **とがめる**（非難《ひなん》する）

例 身勝手さを母にとがめられた兄はだまってうつむいた。

**7** **機嫌《きげん》を損《そこ》ねる**（気持ちを傷《きず》つける）

例 ひとりでしゃべりすぎて彼女《かのじょ》の機嫌を損ねてしまった。

**8** **いらだつ**（思うようにならず、心が落ちつかない）

例 映画館《えいがかん》でも大声で話す無神経《むしんけい》な人たちにいらだった。

**9** **もどかしい**（ものごとが思うように進まず、いらいらする）

例 自分の気持ちをうまく伝《つた》えられず、もどかしい思いをした。

**10** **いきどおる**（ひどく腹《はら》を立てる）

例 正義感《せいぎかん》の強い兄が、世の中の不正《ふせい》に対していきどおる。

⑥ 気の短い父は車を運転していて渋滞《じゅうたい》にはまると、とたんに〔ア とがめて イ いらだって ウ ねたんで〕舌打《したう》ちをする。

⑦ 被災地《ひさいち》への復興《ふっこう》予算が他《ほか》のことに使われていたことを知り、はげしく〔ア とがめた イ 機嫌を損ねた ウ いきどおった〕。

⑧ 口うるさい担任《たんにん》の先生から、ささいな不注意《ふちゅうい》を何度も〔ア とがめられて イ いらだって ウ もどかしく思われて〕うんざりしてきた。

⑨ 早く着がえたいのに服が汗《あせ》で体にピッタリはりついてしまい、なかなか脱《ぬ》げず、とても〔ア 機嫌を損ねた イ いきどおった ウ もどかしかった〕。

⑩ はじめのうちは楽しくおしゃべりしていたが、じょうだんが過《す》ぎて友達《ともだち》の〔ア とがめられて イ いらだたせて ウ 機嫌を損ねて〕しまった。

**答え**

①＝ウ ②＝イ ③＝ア ④＝ウ ⑤＝イ

⑥＝イ ⑦＝ウ ⑧＝ア ⑨＝ウ ⑩＝ウ

# 3 「悲しみ」「同情《どうじょう》」を表すことば

**ポイント3**

どんな場面の、どんなことに対する「悲しみ」なのかを分けて考えることによって、細かな意味のちがいを理解《りかい》しよう。

**1 あわれむ**（かわいそうに思う。気の毒《どく》に思う）

例 両親を戦争《せんそう》で亡《な》くした幼《おさな》い子をあわれんだ。

**2 やるせない**（悲しくて気持ちが晴れ晴れしない）

例 だれからもわかってもらえず、やるせなくなった。

**3 いたむ**（人の死などを悲しむ）

例 だれにでもやさしかった祖父《そふ》の死をみんなでいたむ。

**4 せつない**（さびしさや悲しさで、苦しい気持ちになる）

例 悲しむ友人に何もしてあげられずせつなくなった。

## やってみよう

次の文の〔　〕にふさわしいことばを選《えら》ぼう。

① 台風がもたらした大きな被害《ひがい》をテレビで知り、それまでの平穏《へいおん》な生活をうばわれた人たちのことを思うと、とても〔ア いたむ　イ なげきたく　ウ せつなく〕なった。

② この物語の主人公は、何をやってもうまくいかず、〔ア あわれむ　イ やるせない　ウ いたむ〕気持ちになったときでも前向きに努力《どりょく》し続《つづ》けたことで幸せを手にした。

③ ピンチの時にも動じず、冷静《れいせい》に自分の力を発揮《はっき》してこれまで何度もチームを救《すく》ってきたピッチャーが、けがで不在《ふざい》なのを〔ア あわれむ　イ いたむ　ウ なげく〕。

④ 戦争《せんそう》によって命を落とした数多くの罪《つみ》なき人々を心から〔ア なげく　イ せつなくなる　ウ いたむ〕ことが、平和な世の中を作るための第一歩になる。

⑤ 戦乱《せんらん》や貧困《ひんこん》によって食事さえも満足《まんぞく》にとれない子どもたちを〔ア いたむ　イ あわれむ　ウ やるせなくなる〕心が、彼女《かのじょ》に子

## 5 なげく（悲しく思う。悲しみや苦しみを口に出す）

例 なかなか勉強に身が入らないぼくを母がなげいている。

## 6 身につまされる（他人の不幸《ふこう》が自分のことのように思える）

例 親とけんかした友達《ともだち》の話は身につまされる。

## 7 もの悲しい（なんとなく悲しい）

例 秋の夕暮《ゆうぐ》れの景色《けしき》にもの悲しい気持ちになる。

## 8 いじらしい（かわいそうで心が打たれる）

例 さびしさをかくして明るくふるまう姿《すがた》がいじらしい。

## 9 つらい（苦しい）

例 勉強しても結果《けっか》が出ないことが何よりもつらかった。

## 10 わびしい（心細くさびしい）

例 家族が出かけたので、ひとりわびしく夕食をとる。

---

どもを救《すく》う団体《だんたい》を設立《せつりつ》させる原動力となった。

⑥ 重そうな荷物を一生懸命《いっしょうけんめい》運んでいる小さな子どもの姿《すがた》が〔ア いじらしく イ もの悲しく ウ わびしく〕感じられた。

⑦ 父は学生時代、一人親元をはなれて、家具もほとんどない殺風《さっぷう》景《けい》な部屋で〔ア 身につまされる イ いじらしい ウ わびしい〕生活を送っていたそうだ。

⑧ 恋人《こいびと》と別《わか》れたさびしさを歌った〔ア つらい イ いじらしい ウ もの悲しい〕曲に、自然《しぜん》となみだがこぼれてしまう。

⑨ 真夏のきびしい暑さの中で、あれだけ〔ア わびしい イ もの悲しい ウ つらい〕練習にたえたのだから、自分を信《しん》じて力を出し切ることだけを考えよう。

⑩ この物語を読んでいると、不幸《ふこう》な主人公を自分に重ね合わせて〔ア いじらしい イ 身につまされる ウ わびしい〕。

**答え**
①＝ウ ②＝イ ③＝ウ ④＝ウ ⑤＝イ
⑥＝ア ⑦＝ウ ⑧＝ウ ⑨＝ウ ⑩＝イ

# 4 その他の気持ちを表すことば ①

**ポイント 4**

自分に対する気持ち（＋《プラス》か－《マイナス》か、本心か本心をかくそうとしているか）をできるだけ細かく分けて整理しよう。

**1 あきれる**（あまりにひどいのでびっくりする）

例 彼《かれ》があまりに無責任《むせきにん》なのであきれてしまった。

**2 やりきれない**（がまんできない）

例 これだけ毎日暑い日が続《つづ》くとやりきれない。

**3 うしろめたい**（悪いことをして心が痛《いた》む）

例 友達《ともだち》にうそをついてしまい、とてもうしろめたかった。

**4 気まずい**（気持ちがよくない）

例 宿題が多いと文句《もんく》を言っていたら、そばに先生がいて、気まずい思いをした。

## やってみよう

次の文の〔　〕にふさわしいことばを選《えら》ぼう。

① まだうちとけていない人と二人きりになると、無理《むり》して話しかけるのも不自然《ふしぜん》で、なんとなく〔ア うしろめたく　イ 情けなく　ウ 気まずく〕なってしまう。

② 戦争《せんそう》の被害《ひがい》に苦しむ人たちのうったえを読み、〔ア あきれる　イ うしろめたい　ウ やりきれない〕気持ちになった。

③ クラスで一番になりたいからと、まちがえた問題をそっと書き直して正解《せいかい》にしてしまった自分が〔ア やりきれなくなった　イ 情けなかった　ウ あきれた〕。

④ 自分のちょっとした一言が思いもよらず彼女《かのじょ》の心を傷《きず》つけてしまい、〔ア あきれた　イ 情けない　ウ うしろめたい〕気持ちになった。

⑤ 何度も絶好《ぜっこう》のチャンスがあったのに、そのたびにミスをして、結果的《けっかてき》に自滅《じめつ》したチームに〔ア 気まずくなった　イ うしろめたくなった　ウ あきれた〕。

## 5 情け《なさ》ない（くやしい。残念《ざんねん》だ）

例 こんな簡単《かんたん》な問題が解《と》けない自分が情けない。

## 6 意地をはる（自分の考えを通そうとする）

例 弟は意地をはってしばらく部屋から出てこなかった。

## 7 失望《しつぼう》する（がっかりする）

例 テストの結果《けっか》が期待外れで失望した。

## 8 とまどう（どうしてよいかわからず困《こま》る）

例 いきなり聞かれてもとまどうばかりだよ。

## 9 ひょうしぬけする（はりあいがなくなる）

例 予想に反してあまりに簡単《かんたん》にでき、ひょうしぬけした。

## 10 くすぐったい（はずかしくて落ちつかない）

例 あまりほめられるとくすぐったい気持ちになってしまう。

---

⑥ コーチからいきなりキャプテンになれと言われたが、考えてもいなかったために〔ア 失望して　イ 意地をはって　ウ とまどって〕しまい、返事ができなかった。

⑦ 友達《ともだち》がけんかしていると聞き、あわててかけつけたが、いっしょに遊んでいただけで、〔ア ひょうしぬけした　イ 失望した　ウ くすぐったくなった〕。

⑧ 日本チームが優勝《ゆうしょう》するのを期待していたのに、予想外に早く敗《はい》退《たい》してしまい〔ア くすぐったかった　イ 失望した　ウ 意地をはった〕。

⑨ 自分ではたいしたことをしたとは思っていなかったが、みんなから感謝《かんしゃ》され、なんだか〔ア 意地をはる　イ くすぐったい　ウ 失望する〕気持ちになった。

⑩ 仲間《なかま》外れにされたような気がして、ほんとうはさびしいのに〔ア とまどって　イ 意地をはって　ウ ひょうしぬけして〕平気な顔をしていた。

**答え**
①＝ウ　②＝ウ　③＝イ　④＝ウ　⑤＝ウ
⑥＝ウ　⑦＝ア　⑧＝イ　⑨＝イ　⑩＝イ

# 5 その他の気持ちを表すことば ②

**ポイント 5**

説明《せつめい》しにくい「モヤモヤした気持ち」をうまく表すことばをおぼえるときは、意味をしっかり確認《かくにん》することが大切です。

**1 いたたまれない**（その場所にそのままいるのがつらい）

例 泣《な》きじゃくる仲間《なかま》たちを見ていたたまれなくなった。

**2 うとましい**（きらいで近寄《ちかよ》りたくない）

例 意地の悪い彼《かれ》はみんなからうとましく思われている。

**3 おごる**（いい気になる。図に乗る）

例 兄は最近《さいきん》少しおごっていて、感じが悪い。

**4 おもはゆい**（てれくさい）

例 人前で母からほめられるのは何だかおもはゆい。

## やってみよう

次の文の〔　〕にふさわしいことばを選《えら》ぼう。

① 自分としてはそれほど苦労《くろう》したつもりはないのに、みんなから努力《どりょく》をねぎらってもらい〔ア うとましい　イ おもはゆい　ウ おごる〕気持ちになった。

② 仲《なか》のよい友達《ともだち》が先生にきびしく注意されている姿《すがた》を見ていると気の毒《どく》で〔ア いたたまれない　イ おもんぱかる　ウ おもはゆい〕気持ちになった。

③ このテレビコメンテーターはいさましい発言で人気があるらしいが、他の出演者《しゅつえんしゃ》や視聴者《しちょうしゃ》を〔ア おごる　イ うとましく思う　ウ おもんぱかる〕気持ちがまったくない。

④ 選挙《せんきょ》で大勝した政治家《せいじか》の発言には、以前のつつましさはなくなり、〔ア おもはゆさ　イ おごり　ウ いたたまれなさ〕と相手を見下す気持ちがにじみでていた。

⑤ 退屈《たいくつ》だ、どこかに遊びに連《つ》れて行け、などとしつこくねだる弟を、ときどき〔ア おもんぱかって　イ いたたまれないと

## 5 おもんぱかる（もれなく思いをめぐらす）

例 班《はん》のみんなの気持ちをおもんぱかって発言した。

## 6 歯がゆい（思い通りにならずじれったい）

例 絶好《ぜっこう》のチャンスをのがして歯がゆい思いをした。

## 7 はやる（早くやりたくて気持ちが高まる）

例 絶対《ぜったい》に一番になるというはやる気持ちをおさえた。

## 8 むなしい（やりがいがない。喜《よろこ》びや意味が何もない）

例 努力《どりょく》が報《むく》われずむなしい思いが残《のこ》っただけだ。

## 9 やましい（かくしごとがあって、恥《はじ》を感じる）

例 ぬけがけしたぼくはやましい気持ちでいっぱいになった。

## 10 わだかまり（心の中にひっかかるものがあってすっきりしないこと）

例 意見の食いちがいからわだかまりが残《のこ》った。

ウ うとましく〕思うことがある。

⑥ 友達《ともだち》の無神経《むしんけい》なことばで傷《きず》ついたのに、当人はそのことに一向に気づいておらず、ぼくだけが長い間〔ア やましさ　イ 歯がゆさ　ウ わだかまり〕をひきずっている。

⑦ 勝手に持ち出した本をよごしてしまい、それを秘密《ひみつ》にしていた〔ア わだかまり　イ やましさ　ウ むなしさ〕に、弟がずっと苦しんでいたことを初《はじ》めて知った。

⑧ 勉強にあまり真剣《しんけん》に取り組まず、成績《せいせき》がぱっとしなくてもくやしがらないのを、母は毎日〔ア はやる　イ やましい　ウ 歯がゆい〕思いで見ていたのだそうだ。

⑨ 今年こそ全学年対抗《たいこう》リレーで優勝《ゆうしょう》し、学校で一番足が速いことを証明《しょうめい》してやる、と〔ア 歯がゆい　イ はやる　ウ わだかまる〕気持ちでいっぱいだった。

⑩ 父は必死《ひっし》に勉強して大学に合格《ごうかく》したとたん目標《もくひょう》を失《うしな》って〔ア やましい　イ わだかまる　ウ むなしい〕気持ちになってしまい、何週間も一人旅をしたそうだ。

**答え**

⑤＝ウ　⑥＝ウ

①＝イ　②＝ア　③＝ウ　④＝イ　⑤＝ウ
⑥＝ウ　⑦＝イ　⑧＝ウ　⑨＝イ　⑩＝ウ

# 練習問題　気持ちを表すことば

**①** 次の①～⑧の〔　〕にあてはまることばの言い切りの形を、あとのア～クから選《えら》び、記号で答えなさい。記号は各《かく》一回ずつ答えること。

① みんなの前で表彰《ひょうしょう》されて、とても〔　〕た。
② 先生にほめられて〔　〕た。
③ 母たちは〔　〕おしゃべりをしている。
④ 自分にできないことも軽々とこなす彼《かれ》を〔　〕だ。
⑤ 選手《せんしゅ》のミスに監督《かんとく》は〔　〕た顔をしていた。
⑥ 意見の食いちがいから〔　〕が残《のこ》った。
⑦ 自分の気持ちをうまく伝《つた》えられず、〔　〕た。
⑧ 正義感《せいぎかん》の強い兄が、不正《ふせい》に対して〔　〕。

ア 得意《とくい》になる　イ いきどおる　ウ わだかまり
エ なごやかだ　オ ほこらしい　カ 苦り切る
キ もどかしい　ク ねたむ

| ① | ② | ③ | ④ |
|---|---|---|---|
| | | | |

| ⑤ | ⑥ | ⑦ | ⑧ |
|---|---|---|---|
| | | | |

**②** 次の①～⑧の〔　〕にあてはまることばの言い切りの形を、あとのア～クから選び、記号で答えなさい。記号は各一回ずつ答えること。

① 絶好《ぜっこう》のチャンスをのがして〔　〕思いをした。
② あまりほめられると〔　〕気持ちになる。
③ さびしさをかくして明るくふるまう姿《すがた》が〔　〕。
④ 家族が出かけたので、ひとり〔　〕夕食をとる。
⑤ 彼があまりに無責任《むせきにん》なので〔　〕てしまった。
⑥ これだけ毎日暑い日が続《つづ》くと〔　〕。
⑦ 友達《ともだち》にうそをついてしまい〔　〕気持ちになった。
⑧ 弟は〔　〕てしばらく部屋から出てこなかった。

ア いじらしい　イ 歯がゆい　ウ 意地をはる
エ やりきれない　オ うしろめたい　カ くすぐったい
キ あきれる　ク わびしい

| ① | ② | ③ | ④ |
|---|---|---|---|
| | | | |

| ⑤ | ⑥ | ⑦ | ⑧ |
|---|---|---|---|
| | | | |

答え➡別冊3ページ

③ 次の①〜⑩の気持ちを表すことばの意味を【ことばの意味】のア〜コから選び、さらにそれぞれのことばで表すのが適当《てきとう》な状況《じょうきょう》を、【状況】のサ〜トから選び、記号で答えなさい。

① 失望《しつぼう》する　② とまどう　③ ひょうしぬけする
④ いたたまれない　⑤ うとましい　⑥ おもはゆい
⑦ おごる　⑧ 歯がゆい　⑨ おもんぱかる
⑩ はやる

【ことばの意味】
ア いい気になる。図に乗る
イ はりあいがなくなる
ウ どうしてよいかわからなくなる
エ もれなく思いをめぐらす
オ 早くやりたくて気持ちが高まる
カ 望みが消えてがっかりする
キ てれくさい
ク その場所にそのままいるのがつらい
ケ 思い通りにならず、じれったい
コ きらったり、遠ざけたくなったりする

【状況】
サ いきなり意見を聞かれてあわててしまった。
シ 地区で最強《さいきょう》とうわさのチームだったが、意外に弱かった。
ス 優勝《ゆうしょう》を期待していたのに早くも敗退《はいたい》してしまった。
セ みんなの前でほめられて、少しはずかしかった。
ソ 相手の気持ちをよく考え、ことばを選《えら》んで話す。
タ 友達《ともだち》が先生にしかられているのを見るのがつらい。
チ 選挙《せんきょ》で大勝した政党《せいとう》は最近《さいきん》、自信過剰《じしんかじょう》のようだ。
ツ 母にしつこくねだったら、話を聞いてくれなくなった。
テ 成績《せいせき》が悪くてもくやしがらないのが不満《ふまん》だ。
ト 今年こそ学校で一番足が速いことを証明《しょうめい》してやる。

| | 意味 | 状況 |
|---|---|---|
| ① | | |
| ④ | | |
| ⑦ | | |
| ⑩ | | |

| | 意味 | 状況 |
|---|---|---|
| ② | | |
| ⑤ | | |
| ⑧ | | |

| | 意味 | 状況 |
|---|---|---|
| ③ | | |
| ⑥ | | |
| ⑨ | | |

# 仕上げの問題

①次のことばを＋《プラス》の（良《よ》い）意味で使われるものと、－《マイナス》の（悪い）意味で使われるものに分け、記号で答えなさい。

ア ほこらしい　イ ねたむ　ウ もどかしい
エ 得意《とくい》になる　オ いらだつ　カ せつない
キ なごやかだ　ク 心地《ここち》よい　ケ 身につまされる
コ もの悲しい　サ ほほえましい　シ 晴れやか
ス うしろめたい　セ おもはゆい　ソ いたたまれない
タ 歯がゆい　チ はやる　ツ しらじらしい
テ むなしい　ト 気まずい

| ＋の意味で使われるもの | |
|---|---|
| －の意味で使われるもの | |

②次のページの表の①～⑮にあてはまることばを、ア～ソから選《えら》び、記号で答えなさい。

ア いたたまれない　イ ほほえましい　ウ 期待する
エ 満足感《まんぞくかん》にひたる　オ あこがれる　カ 祈願《きがん》する
キ なつかしい　ク やりきれない　ケ いまいましい
コ 気がかりだ　サ あきれる　シ 意気ごむ
ス いたわる　セ 落胆《らくたん》する　ソ やましい

| | | | | |
|---|---|---|---|---|
| ① | ② | ③ | ④ | ⑤ |
| ⑥ | ⑦ | ⑧ | ⑨ | ⑩ |
| ⑪ | ⑫ | ⑬ | ⑭ | ⑮ |

答え➡別冊3ページ

| | | | | | | |
|---|---|---|---|---|---|---|
| 自分に対する気持ち | ＋の意味 | 過去《かこ》を振《ふ》り返っている | 「①」 | | | |
| | | これからよいことが起きる | 待ち遠しい | 「②」 | | |
| | | 前向きになっている | 決意する | 張《は》り切る | 「③」 | |
| | | 強く望《のぞ》んでいる | 熱望《ねつぼう》する | 「④」 | | |
| | | 望みや目標《もくひょう》が実現《じつげん》した | 達成感《たっせいかん》にひたる | 「⑤」 | | |
| | | 状況《じょうきょう》がよくなった | 喜《よろこ》ぶ | 安心する | ほっとする | |
| | −の意味 | 状況がよくない | 悲しい | つらい | せつない | 「⑥」 |
| | | いごこちが悪い | 気まずい | 「⑦」 | | |
| | | これから悪いことが起きる | 不安《ふあん》だ | 「⑧」 | | |
| | | 状況が悪くなった | がっかりする | 失望《しつぼう》する | 「⑨」 | |
| | | 悪いことをしてしまった | 反省《はんせい》する | 後悔《こうかい》する | 後ろめたい | 「⑩」 |
| | | 自分で自分がいやになる | 情《なさ》けない | 自己嫌悪《じこけんお》におちいる | | |
| 相手に対する気持ち | ＋の意味 | 自分より相手が上 | 尊敬《そんけい》する | 感心する | うらやましい | 「⑪」 |
| | | 自分よりも相手が下 | けなげだ | いじらしい | 「⑫」 | |
| | | 力になってあげる | はげます | なぐさめる | 「⑬」 | |
| | −の意味 | 自分より相手が上 | ねたましい | 「⑭」 | | |
| | | 自分より相手が下 | ばかにする | 見下す | 軽蔑《けいべつ》する | 「⑮」 |

# 1 くりかえして表すことば ①

**ポイント6**

**ことばだけをおぼえようとせず、例文《れいぶん》ごと、使われ方を意識《いしき》して理解《りかい》するよう心がけよう。**

**1** 痛々《いたいた》しい（いたみが伝《つた》わってくるように感じられる）

例 見るからに痛々しい傷《きず》あとだ。

**2** いまいましい（しゃくにさわる）

例 彼《かれ》の勝ちほこった顔がとてもいまいましい。

**3** 初々《ういうい》しい（慣《な》れてなくて新鮮《しんせん》なようす）

例 新入生のぎこちないさまが初々しい。

**4** うやうやしい（ていねいで礼儀《れいぎ》正しい）

例 彼女《かのじょ》は校長先生の前でうやうやしく頭を下げた。

## やってみよう

次の文の〔　〕にふさわしいことばを選《えら》ぼう。

① ふだんはごうまんなふるまいをすることの多い大臣《だいじん》も、国王の前に立つと、とたんに〔ア 初々しい　イ 痛々しい　ウ うやうやしい〕態度《たいど》に変《か》わる。

② ぼくに対してライバル心をもっている彼《かれ》が、先生にほめられているぼくを〔ア いたいたしそうに　イ いまいましそうに　ウ おどろおどろしそうに〕見ている。

③ この城《しろ》にはかつて大勢《おおぜい》の人々がとらわれ、そして殺《ころ》されたという〔ア おどろおどろしい　イ 初々しい　ウ うやうやしい〕歴《れき》史《し》がある。

④ 大事な試合《しあい》でミスをして、責任《せきにん》を感じて落ちこんでいる彼の姿《すがた》が〔ア うやうやしくて　イ いまいましくて　ウ 痛々しくて〕見ていられない。

⑤ 祖母《そぼ》の家で見せてもらった古いアルバムには、まだ若《わか》くて

## 5 おどろおどろしい（いかにもおそろしげなようす）

例 おどろおどろしい化け物が出てくるホラー映画《えいが》。

## 6 かいがいしい（手際《てぎわ》がよい。心がこもっているようす）

例 母はかいがいしく祖母《そぼ》を看護《かんご》している。

## 7 ぎょうぎょうしい（おおげさなようす）

例 こんなにぎょうぎょうしい出むかえはいらないのに。

## 8 けばけばしい（不快なほどかざりたてたようす）

例 この店のけばけばしいインテリアが好《す》きじゃない。

## 9 寒々しい（いかにも寒そうだ。ものがなくてさびしいようす）

例 兄が一人暮《ぐ》らししている部屋は寒々しい。

## 10 しらじらしい（見えすいている。おもしろくない）

例 彼《かれ》はしらじらしい態度《たいど》でその場を立ち去った。

---

〔ア おどろおどろしい　イ 初々しい　ウ 痛々しい〕花嫁姿《はなよめすがた》の祖母の写真があった。

⑥ 列車を降《お》りると目の前には、草や木の緑がまったくない〔ア けばけばしい　イ ぎょうぎょうしい　ウ 寒々しい〕荒野《こうや》が広がっていた。

⑦ テレビニュースで、事件《じけん》の容疑者《ようぎしゃ》が、自分は何も知らなかったと〔ア ぎょうぎょうしい　イ しらじらしい　ウ かいがいしい〕言いのがれをしているのを見て腹《はら》が立った。

⑧ 駅前には、〔ア かいがいしい　イ 寒々しい　ウ けばけばしい〕ネオン看板《かんばん》をつけた店が並《なら》んでいる場所があり、子どもだけでそこに行くことは禁止《きんし》されている。

⑨ ある政治家《せいじか》の〔ア けばけばしい　イ ぎょうぎょうしい　ウ しらじらしい〕演説《えんぜつ》は、熱意《ねつい》は感じられるが、どこか不自然《ふしぜん》で、こっけいな印象《いんしょう》をあたえる。

⑩ 久《ひさ》しぶりに親戚《しんせき》の家を訪《たず》ねたら、数年前はまだ小さかったいとこが〔ア しらじらしく　イ ぎょうぎょうしく　ウ かいがいしく〕手伝《てつだ》いをしていた。

**答え**

①＝ウ　②＝イ　③＝ア　④＝ウ　⑤＝イ
⑥＝ウ　⑦＝イ　⑧＝ウ　⑨＝イ　⑩＝ウ

**ポイント7**

「ふてぶてしい態度《たいど》」「りりしい姿《すがた》」など、あとに続《つづ》く単語《たんご》とセットにするとおぼえやすくなります。

**1 すがすがしい**（心や体が清《きよ》められるようだ）

例 高原の朝はとてもすがすがしくて快適《かいてき》だ。

**2 そらぞらしい**（わざとらしい。うそっぽい）

例 犯人《はんにん》がそらぞらしい笑顔《えがお》でうそをつく。

**3 たけだけしい**（荒々《あらあら》しく勇《いさ》ましい）

例 敵《てき》の軍勢《ぐんぜい》がいっせいにたけだけしい声をあげた。

**4 たどたどしい**（ぎこちない）

例 たどたどしい日本語を話す外国人タレント。

## やってみよう

次の文の〔　〕にふさわしいことばを選《えら》ぼう。

① あのことはいまだに忘《わす》れられず、〔ア すがすがしい　イ 生々しい　ウ たどたどしい〕記憶《きおく》に苦しめられている。

② 女優《じょゆう》の泣《な》く演技《えんぎ》が〔ア そらぞらしい　イ はかばかしい　ウ たけだけしい〕ので、共感《きょうかん》できないばかりか、かえって気持ちが冷《さ》めてしまう。

③ まだ幼《おさな》い妹が入試《にゅうし》に臨《のぞ》むぼくにくれた手紙には〔ア 生々しい　イ すがすがしい　ウ たどたどしい〕文字で書かれたはげましのことばがあった。

④ 自分の失敗《しっぱい》を認《みと》め、真剣《しんけん》に謝《あやま》る彼《かれ》の誠実《せいじつ》な姿《すがた》を見て、その場にいた者はみんな〔ア 生々しい　イ そらぞらしい　ウ すがすがしい〕気持ちになった。

⑤ この絵は戦《たたか》いに臨《のぞ》む戦国武将《せんごくぶしょう》の〔ア そらぞらしい　イ たどたどしい　ウ たけだけしい〕ようすをとてもうまく表現《ひょうげん》している。

## 5 生々しい（今目の前で起きているかのように感じさせるようす）

例 事故《じこ》のようすを生々しく語る。

## 6 はかばかしい（うまく進むようす）

例 勉強の進み具合がはかばかしくない。

## 7 ふてぶてしい（ずぶとい。ずうずうしいようす）

例 転校生のふてぶてしい態度《たいど》を見て不安《ふあん》になった。

## 8 ものものしい（いかめしい。厳重《げんじゅう》なようす）

例 ものものしいいでたちで現《あらわ》れた武将《ぶしょう》たち。

## 9 よそよそしい（親しみのないようす）

例 彼女のよそよそしい態度《たいど》が気になる。

## 10 りりしい（きびきびして、勇《いさ》ましいようす）

例 母は兄のりりしい制服《せいふく》姿《すがた》をうれしそうに見ていた。

---

⑥ テロに備《そな》えた〔ア はかばかしい　イ よそよそしい　ウ ものものしい〕警備《けいび》の中、各国《かっこく》の首脳《しゅのう》が続々《ぞくぞく》と会議場《かいぎじょう》に到着《とうちゃく》し、サミットが開幕《かいまく》した。

⑦ 祖父《そふ》の学生時代の〔ア ふてぶてしい　イ はかばかしい　ウ りりしい〕顔立ちは、どことなく今のぼくに似《に》ていて、じわりとうれしさがこみあげてきた。

⑧ 姉は、ときおり不機嫌《ふきげん》になるとわざと〔ア ふてぶてしい　イ よそよそしい　ウ ものものしい〕話し方をして、私《わたし》を落ち着かない気持ちにさせる。

⑨ 相手チームのエースピッチャーは、わざと〔ア ふてぶてしい　イ ものものしい　ウ りりしい〕態度《たいど》でぼくたちをにらみつけた。

⑩ 建設《けんせつ》工事の進み具合は、建設資材《しざい》の値段《ねだん》の値上がりのため、あまり〔ア りりしい　イ よそよそしい　ウ はかばかしい〕とはいえない。

**答え**
①＝イ　②＝ア　③＝ウ　④＝ウ　⑤＝ウ
⑥＝ウ　⑦＝ウ　⑧＝イ　⑨＝ア　⑩＝ウ

# 3 漢語で表すことば ①

**ポイント 8**

**難《むずか》しいことばはまず、＋《プラス》の意味か－《マイナス》の意味かで分類《ぶんるい》すると理解《りかい》しやすくなります。**

▼の印《しるし》は小学校では習わない漢字です。語句《ごく》の意味をおぼえてください。

**1 歴然《れきぜん》**（明らかなようす）

例 両チームの戦力差《せんりょくさ》は歴然としている。

**2 ▼鮮明《せんめい》だ**（あざやかなようす）

例 新しいテレビは細かいところまで鮮明に映《うつ》し出す。

**3 ▼斬新《ざんしん》だ**（見たことがない。新しいようす）

例 あらゆるヒット商品は斬新な発想から生まれた。

**4 厳▼粛《げんしゅく》だ**（おごそかなようす）

例 選挙《せんきょ》の結果を厳粛に受け止め、辞任《じにん》します。

---

## やってみよう

次の文の〔　　〕にふさわしいことばを選《えら》ぼう。

① 卒業式《そつぎょうしき》の真っ最中《さいちゅう》にだれかの携帯《けいたい》電話の陽気な着信音《ちゃくしんおん》がけたたましく鳴り、〔ア 斬新　イ 歴然　ウ 厳粛〕な雰囲気《ふんいき》はぶちこわされてしまった。

② 彼《かれ》が一方的《いっぽうてき》に誤解《ごかい》して悪口を言っているのであって、ぼくには一切落ち度がないことはだれが見ても〔ア 斬新　イ 歴然　ウ 鮮明〕としている。

③ 子どものころのできごとでも、強い印象《いんしょう》をあたえられると〔ア 厳粛　イ 淡白　ウ 鮮明〕な記憶《きおく》となって、よみがえるのだそうだ。

④ ぼくは性格的《せいかくてき》に〔ア 淡白　イ 歴然　ウ 厳粛〕で、他人の目には意欲《いよく》がないとか、向上心がないとか、よくない印象《いんしょう》をあたえてしまう。

⑤ 新幹線《しんかんせん》の新型《しんがた》車両が〔ア 鮮明　イ 斬新　ウ 淡白〕なデザインであるのは、速いスピードで走ることはもちろん、走行中のゆ

**5** **淡白《たんぱく》（泊）だ**（あっさりしている）

例 日本人には淡白な味を好《この》む人も多い。

**6** **洗練《せんれん》**（むだがなく、上品なようす）

例 モーツァルトの洗練された音楽をきく。

**7** **絶妙《ぜつみょう》だ**（この上なくたくみなようす）

例 画家の絶妙な色づかいに感心した。

**8** **喧騒《けんそう》**（やかましいようす）

例 都会の喧騒からはなれて暮《く》らしたい。

**9** **愚直《ぐちょく》だ**（正直すぎて、気がきかないようす）

例 彼《かれ》は愚直に師匠《ししょう》の教えを守っている。

**10** **利発《りはつ》だ**（かしこいようす）

例 あの子はまだ小さいのに利発なところがある。

---

れをおさえる意味もあるのだそうだ。

⑥ 要領《ようりょう》よくものごとをこなすよりも、たとえ効率《こうりつ》は悪くとも、〔ア 洗練　イ 絶妙　ウ 愚直〕に努力《どりょく》を続《つづ》ける方が後々大成《たいせい》する。

⑦ 大きな通りから一本奥《おく》の道に入るだけで、街《まち》の〔ア 洗練　イ 喧騒　ウ 絶妙〕がうそのように消えて、静《しず》かな住宅街《じゅうたくがい》が広がっていた。

⑧ 幼《おさな》いころから外国で生活してきた彼女《かのじょ》は、〔ア 利発な　イ 絶妙な　ウ 洗練された〕ふるまいが自然《しぜん》にできるのでとてもうらやましい。

⑨ このきびしい世の中を上手《じょうず》にわたって幸せな人生を送るには、ある程度《ていど》〔ア 喧騒　イ 利発　ウ 愚直〕でなければならない、という意見もある。

⑩ リーダーには、危機的《ききてき》な状況《じょうきょう》であっても〔ア 愚直　イ 喧騒　ウ 絶妙〕なユーモアで場をなごませ、事態《じたい》を打開する能力《のうりょく》が求《もと》められるのかもしれない。

**答え** ①＝ウ　②＝イ　③＝ウ　④＝ア　⑤＝イ
⑥＝ウ　⑦＝イ　⑧＝ウ　⑨＝イ　⑩＝ウ

# 4 漢語で表すことば ②

**ポイント 9**

漢字は文字自体が意味を表す表意文字なので、一つ一つの字を訓《くん》読みして意味を推理《すいり》する方法《ほうほう》もあります。

▼の印《しるし》は小学校では習わない漢字です。語句《ごく》の意味をおぼえてください。

**1** 厳格《げんかく》だ（きびしいようす）

例 私《わたし》の父はとても厳格な人です。

**2** 清▼廉《せいれん》だ（清く正しいようす）

例 清廉な人がらの神父。

**3** 痛▼恨《つうこん》（とてもくやしい）

例 優勝《ゆうしょう》がかかった試合《しあい》で痛恨のエラーをした。

**4** 熟知《じゅくち》（とてもくわしく知っている）

例 この機械《きかい》の使い方を熟知している。

## やってみよう

次の文の〔　〕にふさわしいことばを選《えら》ぼう。

① 選挙《せんきょ》で候補者《こうほしゃ》を選《えら》ぶ際《さい》に、政治家《せいじか》としての能力《のうりょく》よりも〔ア 痛恨の　イ 熟知した　ウ 清廉な〕人がらを期待して投票《とうひょう》する有権者《ゆうけんしゃ》が多数いると考えられる。

② 何度もこの山を登った経験《けいけん》があるぼくは、山頂《さんちょう》までの行き方を〔ア 痛恨　イ 熟知　ウ 厳格〕しているので、みんなを案内《あんない》して歩いた。

③ 新しい校長先生は初《はじ》めてのあいさつで、ぼくたちにルールを〔ア 厳格　イ 些細　ウ 清廉〕に守ることが大切だと真剣《しんけん》な表情《ひょうじょう》で語った。

④ ぼくの勉強を見てくれるとき、父は〔ア 清廉な　イ 厳格な　ウ 些細な〕計算ミスも見逃《みのが》さず、もう一度最初《さいしょ》から解《と》きなおすように命じる。

⑤ あと数分で試合《しあい》が終わったのに〔ア 些細な　イ 痛恨の　ウ 熟知した〕ミスを犯《おか》してしまい、逆転《ぎゃくてん》されて優勝《ゆうしょう》の夢《ゆめ》は消え

**5** **些細《ささい》だ**（とても細かい。とるにたらないようす）

例 妹は些細なことまで気にしすぎる。

**6** **懇意《こんい》だ**（親しい）

例 ぼくと彼女《かのじょ》は母親同士《どうし》が懇意にしている間がらだ。

**7** **一抹《いちまつ》**（ほんの少しなようす）

例 順調《じゅんちょう》に進んでいるが一抹の不安《ふあん》もある。

**8** **疎遠《そえん》だ**（遠くはなれる。めったに会わないようす）

例 彼《かれ》とはすっかり疎遠になってしまった。

**9** **尚早《しょうそう》**（まだ早いようす）

例 会社の規模《きぼ》を大きくするには時期尚早だ。

**10** **漠然《ばくぜん》**（ぼんやりと。はっきりしないようす）

例 漠然とした不安感に苦しんでいる。

---

てしまった。

⑥ 手術《しゅじゅつ》は成功《せいこう》したが、体力が回復《かいふく》するにはまだ時間がかかるので、退院《たいいん》するにはまだ〔ア 漠然としている イ 疎遠になっている ウ 時期尚早だ〕。

⑦ 芸能界《げいのうかい》入りを熱望《ねつぼう》している姉のために、父は〔ア 漠然としている イ 懇意にしている ウ 一抹の不安をかかえる〕放送局の人物に相談をした。

⑧ この候補者《こうほしゃ》の演説《えんぜつ》は、内容《ないよう》が〔ア 漠然としていて イ 疎遠になっていて ウ 時期尚早で〕、どんなに話し方が力強くても魅力《みりょく》を感じることができない。

⑨ この大会の日本チームの試合《しあい》運びは危《あぶ》なげないが、連戦《れんせん》なので、体力面に〔ア 漠然と イ 懇意に ウ 一抹の〕心配がある。

⑩ 学校を卒業《そつぎょう》したあと、おたがいに〔ア 一抹の不安をおぼえていた イ 疎遠になっていた ウ 懇意にしていた〕友人と十五年ぶりに会った。

**答え**

①＝ウ ②＝イ ③＝ア ④＝ウ ⑤＝イ
⑥＝ウ ⑦＝イ ⑧＝ア ⑨＝ウ ⑩＝イ

# 5 「人がら」を表すことば

**ポイント10**

「軽率《けいそつ》⇕思慮深《しりょぶか》い」など、反対の意味のことばをセットにすると効率《こうりつ》よくおぼえることができます。

▼の印《しるし》は小学校では習わない漢字です。語句《ごく》の意味をおぼえてください。

## 1 愛想《あいそ》がよい（人にいい感じをあたえる）

例 私《わたし》の弟はだれにでも愛想よく話しかける。

## 2 おおらかだ（気持ちがゆったりしている）

例 祖母《そぼ》はおおらかな人でいつも私《わたし》を力づけてくれる。

## 3 感受性《かんじゅせい》が強い（ものごとに対して心深く感じる）

例 姉は感受性が強くテレビを見てよく泣《な》いている。

## 4 気まぐれだ（気分や思いつきで考えが変《か》わる）

例 気まぐれな友人にふり回されている。

---

## やってみよう

次の文の〔　〕にふさわしいことばを選《えら》ぼう。

① 母と二人で行き先を決めず、〔ア おおらか　イ 軽率　ウ 気まぐれ〕な旅をするのが、毎日いそがしくしている父の夢《ゆめ》なのだそうだ。

② 妹は〔ア 愛想がよい　イ 感受性が強すぎる　ウ 気まぐれな〕ところがあって、悲しい話やおそろしい話を聞いては、興奮《こうふん》して熱《ねつ》を出していた。

③ 祖母《そぼ》は若《わか》いころから〔ア 軽率な　イ 感受性が強い　ウ 愛想がよい〕人で、子どもからお年寄《としよ》りまで、町内のみんなから好《す》かれていたのだそうだ。

④ ぼくが〔ア おおらか　イ 軽率　ウ 気まぐれ〕だったばかりに、飼育《しいく》していたうさぎをにがしてしまい、クラスのみんなをがっかりさせてしまった。

⑤ 父の弟、つまりぼくの叔父《おじ》はとても〔ア 感受性が強い　イ 愛想がよい　ウ おおらかな〕人で、細かいことでくよくよなやむ

**5** **軽率《けいそつ》だ**（そそっかしい。軽はずみなようす）

例 コーチから軽率なミスをしないよう注意された。

**6** **思《し》慮深《りょぶか》い**（ものごとをよく考えるようす）

例 責任《せきにん》のある立場の人は思慮深くふるまうべきだ。

**7** **誠実《せいじつ》だ**（うそをつかない。まじめなようす）

例 母は父の誠実な人がらに魅《み》力《りょく》を感じたのだそうだ。

**8** **打算的《ださんてき》だ**（損得《そんとく》を重視《じゅうし》するようす）

例 すぐに見返りを求める打算的な人。

**9** **ものおじしない**（慣れないことにも動じないようす）

例 妹はどんな場でもものおじしないで堂々《どうどう》とふるまう。

**10** **優柔《ゆうじゅう》不《ふ》断《だん》だ**（はっきり決められないようす）

例 ぼくは優柔不断でメニューを見てもなかなか決められない。

---

父が不思議《ふしぎ》でならないそうだ。

⑥ 新人なのに〔ア 優柔不断な イ 打算的な ウ ものおじしない〕性格《せいかく》で、相手のベテランバッターにもひるむことなく速球で勝負している。

⑦ 相手の話にじっくりと耳をかたむけたあと、ことばを選《えら》びながら答える姿《すがた》が、いかにも〔ア ものおじしない イ 思慮深そうな ウ 優柔不断な〕ようすだ。

⑧ この友達《ともだち》と仲良《なかよ》くすれば、得《とく》をするというように、友情《ゆうじょう》の中には〔ア 誠実 イ 優柔不断 ウ 打算的〕なものもあるだろう。

⑨ 欠点《けってん》として考えられる〔ア 優柔不断な イ 誠実な ウ ものおじしない〕性格も、軽率《けいそつ》さからかけはなれているという点では、長所といえる。

⑩ 国を代表する政治家《せいじか》たちが話し合う場では、おたがいの信頼関《しんらいかん》係《けい》が何よりも大切で、そのためには〔ア 気まぐれに イ 打算的に ウ 誠実に〕ふるまう必要《ひつよう》がある。

**答え** ①＝ウ ②＝イ ③＝ウ ④＝イ ⑤＝ウ ⑥＝ウ ⑦＝イ ⑧＝ウ ⑨＝ア ⑩＝ウ

# 練習問題　ようすを表すことば

## ①

次の①〜⑧の〔　〕にあてはまることばの言い切りの形を、あとのア〜クから選《えら》び、記号で答えなさい。記号は各《かく》一回ずつ答えること。

① 勉強の進み具合が〔　　　〕ない。
② 日本人には〔　　　〕味を好《この》む人も多い。
③ 優勝《ゆうしょう》がかかった試合《しあい》で〔　　　〕のエラーをした。
④ 転校生の〔　　　〕態度《たいど》を見て不安《ふあん》になった。
⑤ 妹はどんな場でも〔　　　〕で堂々《どうどう》とふるまう。
⑥ 私《わたし》の弟はだれにでも〔　　　〕よく話しかける。
⑦ すぐに見返りを求《もと》める〔　　　〕人。
⑧ 母は父の〔　　　〕人がらに魅力《みりょく》を感じたのだそうだ。

ア ものおじしない　イ 痛恨《つうこん》　ウ ふてぶてしい
エ 愛想《あいそ》　オ はかばかしい　カ 誠実《せいじつ》だ
キ 淡白《たんぱく》だ　ク 打算的《ださんてき》だ

| ① | ② | ③ | ④ |
| --- | --- | --- | --- |
| | | | |
| ⑤ | ⑥ | ⑦ | ⑧ |
| | | | |

## ②

次の①〜⑧の〔　〕にあてはまることばの言い切りの形を、あとのア〜クから選び、記号で答えなさい。記号は各一回ずつ答えること。

① コーチから〔　　　〕ミスをしないよう注意された。
② 〔　　　〕メニューを見てもなかなか決められない。
③ 両チームの戦力差《せんりょくさ》は〔　　　〕としている。
④ 画家の〔　　　〕色づかいに感心した。
⑤ 〔　　　〕た彼《かれ》と久《ひさ》しぶりに会った。
⑥ 祖母《そぼ》は〔　　　〕人でいつも私《わたし》を力づけてくれる。
⑦ 彼は〔　　　〕うそをついた。
⑧ 母は兄の〔　　　〕制服姿《せいふくすがた》をうれしそうに見ていた。

ア 絶妙《ぜつみょう》だ　イ 優柔不断《ゆうじゅうふだん》だ　ウ 歴然《れきぜん》
エ りりしい　オ しらじらしい　カ おおらかだ
キ 軽率《けいそつ》だ　ク 疎遠《そえん》だ

| ① | ② | ③ | ④ |
| --- | --- | --- | --- |
| | | | |
| ⑤ | ⑥ | ⑦ | ⑧ |
| | | | |

答え➡別冊4ページ

③ 次の①〜⑩のようすを表すことばの意味を【ことばの意味】のア〜コから選び、さらにそれぞれのことばがあてはまる状況《じょうきょう》を【状況】のサ〜トから選び、すべて記号で答えなさい。

① かいがいしい　② すがすがしい　③ 痛々《いたいた》しい
④ 初々《ういうい》しい　⑤ たどたどしい　⑥ よそよそしい
⑦ いまいましい　⑧ ぎょうぎょうしい　⑨ そらぞらしい
⑩ うやうやしい

【ことばの意味】
ア 他人のいたみが伝《つた》わってくるように感じられる
イ しゃくにさわる
ウ 慣《な》れてなくて新鮮《しんせん》なようす
エ ていねいで礼儀正《れいぎただ》しい
オ 手際《てぎわ》がよい。心がこもっている
カ おおげさなようす
キ 心や体が清《きよ》められるような
ク わざとらしい。うそっぽい
ケ ぎこちない
コ 親しみのないようす

【状況】
サ 最近《さいきん》、彼女《かのじょ》の態度《たいど》が冷《つめ》たく、他人行儀《ぎょうぎ》になった。
シ 包帯《ほうたい》を巻《ま》いた足を引きずるようにして歩いている。
ス 彼《かれ》の勝ちほこった顔を見ているとなんだか腹《はら》が立つ。
セ 新入生のぎこちないようすが新鮮でかわいらしい。
ソ 彼女は校長先生にていねいに礼儀正しく頭を下げた。
タ 母は一生懸命《いっしょうけんめい》、病気の祖母《そぼ》を看護《かんご》している。
チ こんなにおおげさな出《で》むかえはいらないのに。
ツ 彼がわざとらしい笑顔《えがお》をふりまいている。
テ 高原の朝はとてもさわやかで気持ちいい。
ト あの外国人タレントは日本語があまり上手《じょうず》ではない。

| | 意味 | 状況 |
|---|---|---|
| ① | | |
| ④ | | |
| ⑦ | | |
| ⑩ | | |

| | 意味 | 状況 |
|---|---|---|
| ② | | |
| ⑤ | | |
| ⑧ | | |

| | 意味 | 状況 |
|---|---|---|
| ③ | | |
| ⑥ | | |
| ⑨ | | |

# 仕上げの問題

**①** 次の①～⑤の〔　〕にあてはまることばを、ア～ウから選《えら》び、記号で答えなさい。

① 姉は最近《さいきん》、他人行儀《ぎょうぎ》で妙《みょう》に〔　〕態度《たいど》をとる。
ア いまいましい　イ しらじらしい　ウ よそよそしい

② おおげさで〔　〕題名の映画《えいが》は期待外れだった。
ア ぎょうぎょうしい　イ 生々しい　ウ たけだけしい

③ 小さな子どもが〔　〕字で一生懸命《いっしょうけんめい》書いた手紙。
ア かいがいしい　イ そらぞらしい　ウ たどたどしい

④ 朝早く散歩《さんぽ》するととても〔　〕気持ちになれる。
ア けばけばしい　イ ものものしい　ウ すがすがしい

⑤ 彼《かれ》の自信過剰《じしんかじょう》で〔　〕態度《たいど》はみんなを不快《ふかい》にさせた。
ア うやうやしい　イ ふてぶてしい　ウ 寒々しい

| ① | ② | ③ | ④ | ⑤ |
|---|---|---|---|---|
| | | | | |

**②** 次の①～⑤の――線部のことばの意味を、ア～ウから選び、記号で答えなさい。

① 校長先生はとても厳格《げんかく》な人です。
ア おもしろい　イ 才能《さいのう》ある　ウ きびしい

② 君の言いたいことは漠然《ばくぜん》としてよくわからない。
ア 難《むずか》しい　イ ぼんやりしている　ウ 多すぎる

③ キャンプ場への行き方を熟知《じゅくち》している。
ア 教えている　イ よく知っている　ウ 忘《わす》れている

④ 洗練《せんれん》された服装《ふくそう》で人々の関心《かんしん》を集めている。
ア きれいに洗《あら》った　イ 練習を積《つ》み重ねた　ウ 品《ひん》の良《よ》い

⑤ もう少しで完成《かんせい》だったのに痛恨《つうこん》のミスでやり直した。
ア 痛《いた》みが強い　イ いたましい　ウ くやしくてならない

| ① | ② | ③ | ④ | ⑤ |
|---|---|---|---|---|
| | | | | |

答え⬇別冊4ページ

③ 次の①～⑩の性格《せいかく》を表すのに適当《てきとう》なことばを、あとのア～コから選び、記号で答えなさい。

① ものごとをよく考えてから、はじめて行動に移《うつ》す。
② 何かを決めなくてはならない時でも、迷《まよ》って決められない。
③ その時の気分次第《しだい》で、考えや言うことがころころ変《か》わる。
④ だれにでも良《よ》い感じを与《あた》えて、気さくに話ができる。
⑤ あまりものごとを深く考えず、軽々しく行動する。
⑥ 良い悪いよりも、自分にとって損《そん》か得《とく》かを重視《じゅうし》する。
⑦ 決してうそやかくしごとをしない。
⑧ 初《はじ》めてのことや、慣《な》れないことでも堂々《どうどう》としている。
⑨ 気持ちがゆったりしていて、いつも朗《ほが》らかである。
⑩ 何かあると深く考えたり、するどく反応《はんのう》したりする。

ア 気まぐれだ　イ 愛想《あいそ》がよい　ウ 思慮深《しりょぶか》い
エ 優柔不断《ゆうじゅうふだん》だ　オ 打算的《ださんてき》だ　カ 誠実《せいじつ》だ　キ おおらかだ
ク 軽率《けいそつ》だ　ケ ものおじしない　コ 感受性《かんじゅせい》が強い

| ① | ② | ③ | ④ | ⑤ |
|---|---|---|---|---|
| | | | | |

| ⑥ | ⑦ | ⑧ | ⑨ | ⑩ |
|---|---|---|---|---|
| | | | | |

④ 次の①～⑩の——線部のことばの使い方が正しいものには○を、まちがっているものは、あとのア～カから適当なものを選び、記号で答えなさい。

① 校長先生の前で、ぼくはかいがいしくおじぎをした。
② 高原の朝のさわやかな風はとても寒々しい。
③ 彼のしらじらしいおせじには聞こえないふりをした。
④ 生々しい日本語だが何とか意味はわかる。
⑤ 大使館はものものしい警備《けいび》で守られている。
⑥ 兄はりりしい態度《たいど》をとるので、いばって見える。
⑦ 仕事の進み具合がはかばかしくないため困《こま》っている。
⑧ 最近彼女《さいきんかのじょ》の態度がけばけばしくて冷たい。
⑨ 北の寒々しい荒野の写真を見た。
⑩ 彼《かれ》の勝ちほこった顔がとてもいたいたしい。

ア よそよそしい　イ たどたどしい　ウ ふてぶてしい
エ すがすがしい　オ いまいましい　カ うやうやしい

| ① | ④ | ⑦ | ⑩ |
|---|---|---|---|
| | | | |

| ② | ⑤ | ⑧ |
|---|---|---|
| | | |

| ③ | ⑥ | ⑨ |
|---|---|---|
| | | |

# 1 「〜的《てき》」「〜化《か》」がつくことば

**ポイント 11**

**例文《れいぶん》を活用して自分自身のことにあてはめてみたり、対義語《たいぎご》があるものはセットにして考えたりするとおぼえやすくなります。**

▼の印《しるし》は小学校では習わない漢字です。語句《ごく》の意味をおぼえてください。

## 1 積極的《せっきょくてき》（自分から進んで行う）

例 この選手《せんしゅ》の積極的なプレーが観客《かんきゃく》を興奮《こうふん》させた。

## 2 画期的《かっきてき》（今までにないほどすばらしい）

例 世界に類《るい》を見ない画期的な商品が発表された。

## 3 合理的《ごうりてき》・合理化《ごうりか》（むだがない。道理に合っている）

例 君が提案《ていあん》したやり方はあまり合理的ではない。

---

## やってみよう

次の文の〔　〕にふさわしいことばを選《えら》ぼう。

① 答えが合っていたとしても、解《と》き方が〔ア 積極的　イ 理想的　ウ 合理的〕でなければ、ほかの問題に応用《おうよう》して、より難《むずか》しい問題を解けるようにはならない。

② 国会での議論《ぎろん》を聞いても、〔ア 画期的　イ 抽象的　ウ 理想的〕な意見が多く、現実《げんじつ》に困っている人たちに具体的《ぐたいてき》な解決策《かいけつさく》を示《しめ》せていない。

③ だれかに命じられて仕方なく勉強するよりも、〔ア 合理的　イ 積極的　ウ 画期的〕に勉強する方が理解《りかい》も深まり、自分にとって得《とく》になる。

④ 有名なスポーツ選手《せんしゅ》とアイドルとが結婚《けっこん》して、〔ア 抽象的　イ 積極的　ウ 理想的〕なカップルと話題になった。

⑤ 長年にわたる二つの国の国境問題《こっきょうもんだい》を一気に解決するための〔ア 画期的　イ 抽象的　ウ 積極的〕な提案《ていあん》が発表された。

**4 理想的《りそうてき》・理想化《りそうか》**（そうあってほしいと望《のぞ》む状態《じょうたい》）
例 先制点《せんせいてん》をうばって理想的な試合展開《しあいてんかい》になった。

**5 抽象的《ちゅうしょうてき》・抽象化《ちゅうしょうか》**（いくつかのものをひとまとめにする）
例 美術館《びじゅつかん》で抽象的な絵を見たが、よくわからなかった。

**6 客観的《きゃっかんてき》**（自分以外《いがい》のだれもがなっとくする見方）
例 自分の考えを客観的に説明《せつめい》する。

**7 根本的《こんぽんてき》**（一番の基本《きほん》。おおもとであるようす）
例 根本的な原因《げんいん》を直さない限《かぎ》り何も変《か》わらない。

**8 高圧的《こうあってき》**（人を見下ろすようす）
例 窓口《まどぐち》の係の高圧的な態度《たいど》に腹《はら》が立った。

**9 典型的《てんけいてき》**（もっとも特徴《とくちょう》をよく表している）
例 うまくいかない典型的なパターンだ。

**10 楽観的《らっかんてき》**（なんでも気楽に考えるようす）
例 苦しい時には楽観的に考えることも必要《ひつよう》だ。

---

⑥ 大臣《だいじん》の人を見下すような〔ア 楽観的　イ 典型的　ウ 高圧的〕な言い方に多くの議員《ぎいん》が反発した。

⑦ 勉強時間を増《ふ》やしても成果《せいか》があがらない〔ア 楽観的　イ 根本的　ウ 高圧的〕な原因《げんいん》は、一つ一つのことを最後《さいご》までやりとげられない淡白《たんぱく》な性格《せいかく》だ。

⑧ 今日の試合《しあい》は、強力打線が長打によって大量点《たいりょうてん》をうばい勝ちきるという、このチームならではの〔ア 楽観的　イ 客観的　ウ 典型的〕なパターンだった。

⑨ 父はどんなことでも〔ア 高圧的　イ 楽観的　ウ 典型的〕に考えるので、職場《しょくば》の雰囲気《ふんいき》を明るくしているそうだ。

⑩ 自分の感情《かんじょう》にしばられがちな私《わたし》に対して、兄はもっと〔ア 客観的　イ 根本的　ウ 高圧的〕にものごとを見るように忠告《ちゅうこく》してくれた。

答え
①＝ウ　②＝イ　③＝イ　④＝ウ　⑤＝ア
⑥＝ウ　⑦＝イ　⑧＝ウ　⑨＝イ　⑩＝ア

# 2 「〜観《かん》」「〜感《かん》」がつくことば

**ポイント12**

短いことばで深い意味を表せるので、意味をおぼえるだけでなく、日ごろから文章を書くときに使って身につけましょう。

▼の印《しるし》は小学校では習わない漢字です。語句《ごく》の意味をおぼえてください。

**1** **価値観《かちかん》**（何を大切にするかという考え方）

例 おたがいの価値観がちがいすぎてうまくつきあえない。

**2** **人生観《じんせいかん》**（生きていく上での意味や目的についての考え方）

例 父の人生観をじっくりと聞いてみたい。

**3** **先入観《せんにゅうかん》**（前もっていだいている思いこみ）

例 ぼくが乱暴《らんぼう》だという先入観があったようだ。

**4** **達成感《たっせいかん》**（やりとげたことを満足《まんぞく》する気持ち）

例 マラソンを走り切った達成感がこみあげてきた。

---

## やってみよう

次の文の〔　〕にふさわしいことばを選《えら》ぼう。

① よけいな〔ア 達成感　イ 人生観　ウ 先入観〕を持つと、相手のことばが素直《すなお》に受け入れられなくなり、結局《けっきょく》、損《そん》をすることが多い。

② 国によって〔ア 使命感　イ 価値観　ウ 先入観〕がことなるのは、育ってきた自然《しぜん》や社会、または宗教《しゅうきょう》などがことなっているためだ。

③ クラスをまとめて、よりよい学校生活にしようという〔ア 使命感　イ 達成感　ウ 人生観〕をもって、学級委員を務《つと》めている。

④ 受験《じゅけん》勉強というものは、常《つね》に不安《ふあん》がつきまとうものだが、合格《ごうかく》したときの〔ア 価値観　イ 先入観　ウ 達成感〕を味わうためにも全力でがんばってほしい。

⑤ 若《わか》いうちの苦労《くろう》が後々の自分の幸せにつながる、という祖父《そふ》の〔ア 使命感　イ 人生観　ウ 先入観〕は、父そしてぼくへと受けつがれているように思う。

**5** **使命感《しめいかん》**（果たさなければならないという気持ち）

例 代表の選手《せんしゅ》全員が使命感をもっている。

**6** **違和感《いわかん》**（しっくりしない変《へん》な感じ）

例 転んで痛《いた》めたのか、ひざになんとなく違和感がある。

**7** **罪悪感《ざいあくかん》**（悪いことをしたという気持ち）

例 戦後《せんご》の長い間、罪悪感に苦しんできた。

**8** **親近感《しんきんかん》**（親しみ）

例 日本から遠く離《はな》れた国の人にも親近感をおぼえた。

**9** **劣等感《れっとうかん》**（自分はだめだと思いこむ）

例 スポーツ万能《ばんのう》な弟に劣等感をいだいた。

**10** **無力感《むりょくかん》**（自分にできることなど何もないというあきらめ）

例 いじめを止められず無力感におそわれた。

---

⑥ 小さいころから人一倍足がおそく〔ア 罪悪感　イ 劣等感　ウ 親近感〕があったが、速く走るコツを教えてもらい、やっと運動会がきらいではなくなった。

⑦ どことなく近寄《ちかよ》りがたかった転校生が、実は好きなアイドルが同じであったということを知って、急に〔ア 無力感　イ 親近感　ウ 違和感〕がわき、話しかけてみた。

⑧ 自分がミスをしたせいでチームが負けてしまい、友達《ともだち》にめいわくをかけてしまった〔ア 劣等感　イ 無力感　ウ 罪悪感〕でしばらく練習に出られなかった。

⑨ 大きな自然災害《しぜんさいがい》の前では、人間はどうすることもできず、ただにげるしかないという〔ア 無力感　イ 劣等感　ウ 違和感〕にとらわれてしまった。

⑩ 転校初日《しょにち》、教室に入ると、みんなが静《しず》かに自習していて、前の学校とのちがいに、〔ア 罪悪感　イ 親近感　ウ 違和感〕をおぼえた。

**答え**
①＝ウ　②＝イ　③＝ア　④＝ウ　⑤＝イ
⑥＝イ　⑦＝イ　⑧＝ウ　⑨＝ア　⑩＝ウ

# 3 四字熟語《じゅくご》 ① 〈初級《しょきゅう》〉

**ポイント 13**

**熟語《じゅくご》だけをおぼえても自在《じざい》に使えるようにはならないので、必《かなら》ず例文《れいぶん》とともにおぼえるようにしよう。**

▼の印《しるし》は小学校では習わない漢字です。語句《ごく》の意味をおぼえてください。

**1** **意気投合《いきとうごう》**（おたがいの気持ちがぴったり合う）

例 初対面《しょたいめん》の時から彼《かれ》とは意気投合した。

**2** **以心伝心《いしんでんしん》**（ことばがなくても気持ちが伝《つた》わる）

例 彼とは以心伝心で理解《りかい》しあえる。

**3** **一朝一夕《いっちょういっせき》**（わずかな時間）

例 ここまで上達《じょうたつ》するには一朝一夕にはいかない。

**4** **意味深長《いみしんちょう》**（表面にあらわれない深い意味がある）

例 先生の意味深長なことばが気になって仕方がない。

## やってみよう

次の文の〔　　〕にふさわしいことばを選《えら》ぼう。

① 大観衆《だいかんしゅう》を感動させる名選手《せんしゅ》のレベルに達《たっ》するまでには〔ア 空前絶後　イ 意味深長　ウ 一朝一夕〕にはいかない。

② 兄はほかのボランティアの人たちと〔ア 以心伝心　イ 意気投合　ウ 意味深長〕し、被災者《ひさいしゃ》の手助けをする団体《だんたい》を作って活動を始めた。

③ 映画《えいが》の主人公が最後《さいご》のシーンでつぶやいた〔ア 一朝一夕　イ 空前絶後　ウ 意味深長〕なセリフにはどんな意味がこめられているのか。

④ 小さいころからいっしょに遊んできた仲《なか》だという父と親友のおじさんは〔ア 意気投合　イ 以心伝心　ウ 意味深長〕の間がらなのだそうだ。

⑤ 高校三年間で、負けたことがないどころか、一点も取られたことがないという〔ア 一朝一夕　イ 意気投合　ウ 空前絶後〕の記録《きろく》をもつ話題のピッチャー。

**5 空前絶後《くうぜんぜつご》**（過去《かこ》そして将来《しょうらい》にわたり起きない）

例 この選手《せんしゅ》は空前絶後の大記録《だいきろく》を樹立《じゅりつ》した。

**6 自画自賛《じがじさん》**（自分のしたことを自分でほめる）

例 兄はよく自画自賛するので、うんざりしている。

**7 自業自得《じごうじとく》**（自分のしたことの報いを受ける）

例 テストの成績《せいせき》が悪いのも自業自得だよ。

**8 取捨選択《しゅしゃせんたく》**（良《よ》いものを取り入れ、悪いものは捨てる）

例 いつ何を勉強するのか、取捨選択が重要《じゅうよう》だ。

**9 前代未聞《ぜんだいみもん》**（今まで聞いたことがない）

例 一年生が六年生を負かすとは前代未聞だ。

**10 臨機応変《りんきおうへん》**（その場に応《おう》じて適切《てきせつ》な方法《ほうほう》を取る）

例 想定外のことがあれば臨機応変に行動しなさい。

---

⑥ 要領《ようりょう》のよい姉は、相手が大人であっても、また外国人であっても、相手の話をよく聞いて〔ア 自画自賛　イ 臨機応変　ウ 取捨選択〕に対応《たいおう》することができる。

⑦ しめきりが早くくるものから順《じゅん》に〔ア 自業自得　イ 取捨選択　ウ 前代未聞〕して取り組めば、限《かぎ》られた時間の中でてきぱきと処理《しょり》できる。

⑧ これまで友達《ともだち》を大事にしてこなかったのだから、自分が困《こま》っているときにだれも力になってくれないのも〔ア 自画自賛　イ 自業自得　ウ 臨機応変〕だよ。

⑨ 決勝に出場した八選手《せんしゅ》全員が同タイムでゴールするという〔ア 前代未聞　イ 臨機応変　ウ 自業自得〕のできごとに、大会関係者《かんけいしゃ》たちはあわてて対応《たいおう》を協議《きょうぎ》した。

⑩ 首相は記者会見で、就任《しゅうにん》以来《いらい》、経済《けいざい》・外交分野で着実に成果《せいか》をあげてきたことを〔ア 取捨選択　イ 自画自賛　ウ 前代未聞〕した。

**答え**
①＝ウ　②＝イ　③＝ウ　④＝イ　⑤＝ウ
⑥＝イ　⑦＝イ　⑧＝イ　⑨＝ア　⑩＝イ

**ポイント14**

**ふだんの生活では使わないことばでも、文章でよく使われるものがあります。新聞の見出しなど、日ごろから意識《いしき》して読むようにしよう。**

▼の印《しるし》は小学校では習わない漢字です。語句《ごく》の意味をおぼえてください。

**1** **異口同音《いくどうおん》**（多くの人が同じことを言う）

例 人々は異口同音に暮《く》らし向きがよくなったと言う。

**2** **右往左往《うおうさおう》**（どうすればよいかわからず、うろたえる）

例 突然《とつぜん》のできごとにおどろき、右往左往してしまった。

**3** **起死回生《きしかいせい》**（絶望的《ぜつぼうてき》な状況《じょうきょう》から立ち直る）

例 日本を危機《きき》から救《すく》う起死回生の政策《せいさく》。

**4** **言語道断《ごんごどうだん》**（言い表すことばがないほどひどい状態《じょうたい》）

例 暴力《ぼうりょく》をふるうなんて言語道断だ。

---

**やってみよう**

次の文の〔　　〕にふさわしいことばを選《えら》ぼう。

① 試合終了間際《しあいしゅうりょうまぎわ》に〔ア 右往左往　イ 言語道断　ウ 起死回生〕の逆転《ぎゃくてん》ゴールが決まり、日本チームは予選敗退《よせんはいたい》の危機《きき》から救《すく》われた。

② 学級会での話し合いで、あまり〔ア 異口同音　イ 枝葉末節　ウ 起死回生〕のことにまで議論《ぎろん》を広げてしまうと、いつまでたっても話がまとまらない。

③ 初《はじ》めての場所で、電車がトラブルで運行取りやめになってしまい、〔ア 言語道断　イ 枝葉末節　ウ 右往左往〕してしまった。

④ 日本を訪《おとず》れた外国人観光客《かんこうきゃく》は〔ア 異口同音　イ 枝葉末節　ウ 起死回生〕に、街《まち》が清潔《せいけつ》であることや、細かなことにまで気を配る日本人に感心したと言う。

⑤ 勉強しに来ているはずの塾《じゅく》で、友達《ともだち》と悪ふざけをして、まわりの生徒たちにめいわくをかけるなど、〔ア 言語道断　イ 異口同音　ウ 右往左往〕だ。

**5** 枝《し》葉《よう》末《まっ》節《せつ》（中心からはなれた大切ではないこと）

例 先生は枝葉末節なことでも手をぬくことをゆるさない。

**6** 心《しん》機《き》一《いっ》転《てん》（あるきっかけで気持ちがすっかり変《か》わる）

例 結婚《けっこん》を期に心機一転して意欲的《いよくてき》になった。

**7** 針《しん》小《しょう》棒《ぼう》大《だい》（ささいなことをおおげさに言う）

例 そのうわさ話は針小棒大に伝《つた》わった。

**8** 千《せん》差《さ》万《ばん》別《べつ》（どれもそれぞれちがう）

例 人の好《この》みは千差万別だ。

**9** 単《たん》刀《とう》直《ちょく》入《にゅう》（いきなり大事な話に入る）

例 司会者《しかいしゃ》は単刀直入にゲストに質問《しつもん》した。

**10** 電《でん》光《こう》石《せっ》火《か》（すばやく行動する）

例 横綱《よこづな》は電光石火の上手投《うわてな》げで勝負を決めた。

---

⑥ 昨日《きのう》友達《ともだち》と口げんかをしたことが、〔ア 電光石火　イ 単刀直入　ウ 針小棒大〕に伝《つた》わって、ぼくがけがをしたことになっていたのにはおどろいた。

⑦ 事件《じけん》の真相をなかなか言わない大臣《だいじん》に向かって、若手《わかて》の新聞記者が〔ア 心機一転　イ 単刀直入　ウ 千差万別〕に質問《しつもん》をぶつけた。

⑧ 敵《てき》に援軍《えんぐん》がやってきたと知るやいなや、〔ア 電光石火　イ 心機一転　ウ 針小棒大〕の速さでにげ帰った。

⑨ 前のチームでは不振《ふしん》にあえいでいたベテラン選手《せんしゅ》が球団を移籍《いせき》したことで、〔ア 千差万別　イ 電光石火　ウ 心機一転〕、大活《だいかつ》躍《やく》して新しいチームを優勝《ゆうしょう》に導《みちび》いた。

⑩ このレストランはメニューが非常《ひじょう》に豊富《ほうふ》で、〔ア 針小棒大　イ 単刀直入　ウ 千差万別〕な客の好《この》みにこたえようとしている。

**答え**
①＝ウ　②＝イ　③＝ウ　④＝ア　⑤＝ア
⑥＝ウ　⑦＝イ　⑧＝ア　⑨＝ウ　⑩＝ウ

# 四字熟語《じゅくご》③〈上級〉

**ポイント15**

**難《むずか》しいことばは自分の経験《けいけん》に置《お》きかえてみて、どのような意味で使うのか実感することが理解《りかい》への近道です。**

▼の印《しるし》は小学校では習わない漢字です。語句《ごく》の意味をおぼえてください。

**1** 一日千秋《いちじつせんしゅう》（一日が千年にも感じられるほど待ち遠しい）

例 姉は採用試験《さいようしけん》の合格《ごうかく》通知を一日千秋の思いで待っている。

**2** 因果応報《いんがおうほう》（自分の行いに見合った報《むく》いを受ける）

例 与党《よとう》が大敗《たいはい》したのは、過去の失政《しっせい》による因果応報だ。

**3** 我田引水《がでんいんすい》（自分のつごうのよいようにする）

例 君の我田引水な要望《ようぼう》は受け入れられない。

**4** 疑心暗《ぎしんあん》▼鬼《き》（なんでも疑《うたが》わずにいられない）

例 最近失敗《さいきんしっぱい》続きの彼女《かのじょ》は少し疑心暗鬼になっている。

---

## やってみよう

次の文の〔　　〕にふさわしいことばを選《えら》ぼう。

① 他人が信《しん》じられなくなり、〔ア 我田引水　イ 疑心暗鬼　ウ 一日千秋〕になった主人公が、周囲《しゅうい》の人たちの助けで希望《きぼう》を取りもどす物語。

② 悪事を重ねた者は、一時何もかも思い通りになったとしても、結局《けっきょく》は〔ア 因果応報　イ 五里霧中　ウ 疑心暗鬼〕で、不幸《ふこう》な結末《けつまつ》をむかえるものだ。

③ 卒業式《そつぎょうしき》の祝辞《しゅくじ》でPTA会長が自分のお店をほめ出して、まさに〔ア 因果応報　イ 我田引水　ウ 疑心暗鬼〕だった。

④ 戦争《せんそう》に行った息子の帰りを〔ア 五里霧中　イ 我田引水　ウ 一日千秋〕の思いで待ち続けた母親の愛情《あいじょう》をえがいた本を読んで感動した。

⑤ 成績《せいせき》が急降下《きゅうこうか》し、将来《しょうらい》への自信《じしん》もなくし、〔ア 因果応報　イ 五里霧中　ウ 一日千秋〕の心境《しんきょう》になってしまった兄を父が力強くはげました。

**5** 五里霧中《ごりむちゅう》（どうしたらよいかわからない）

例 会議《かいぎ》がもめにもめて五里霧中の状態《じょうたい》だ。

**6** 朝令暮改《ちょうれいぼかい》（命令《めいれい》や指示《しじ》がたびたび変《か》わる）

例 社長の指示《しじ》は朝令暮改でうんざりする。

**7** 博覧強記《はくらんきょうき》（はば広く書物を読み、物知りだ）

例 祖父《そふ》の博覧強記ぶりは有名だ。

**8** 付和雷同《ふわらいどう》（自分の考えがなく、他人に従《したが》う）

例 日本人の多くは付和雷同に行動する。

**9** 粉骨砕身《ふんこつさいしん》（苦労《くろう》をおしまず、全力で努力《どりょく》する）

例 優勝《ゆうしょう》を目指して粉骨砕身に努力する。

**10** 傍若無人《ぼうじゃくぶじん》（まわりを気にせず、勝手なふるまいをする）

例 電車内で傍若無人にふるまう学生を見た。

---

⑥ 父は自分で会社をおこし、〔ア 付和雷同　イ 傍若無人　ウ 粉骨砕身〕に働《はたら》いて、今では、千人をこえる社員をかかえるまでになった。

⑦ 司令官《しれいかん》の命令《めいれい》が〔ア 付和雷同　イ 朝令暮改　ウ 博覧強記〕で変更《へんこう》されては、前線の兵士《へいし》たちが危険《きけん》にさらされる。

⑧ 外国首脳《しゅのう》との食事会で、わが国の首相は〔ア 傍若無人　イ 朝令暮改　ウ 博覧強記〕ぶりを発揮《はっき》し、一同を感心させたという有名な話がある。

⑨ 自分の意見をもたずに、まわりの人の意見に〔ア 粉骨砕身　イ 博覧強記　ウ 付和雷同〕して従《したが》うのは、自分自身の利益《りえき》にならない上、とてもはずかしいことだ。

⑩ まわりの人たちの迷惑《めいわく》も考えず、〔ア 朝令暮改　イ 傍若無人　ウ 粉骨砕身〕にふるまう人が注意されていた。

**答え**

①＝イ　②＝ア　③＝イ　④＝ウ　⑤＝イ
⑥＝ウ　⑦＝イ　⑧＝ウ　⑨＝ウ　⑩＝イ

## ①

次の①～⑧の〔　〕にあてはまることばを、あとのア～クから選《えら》び、記号で答えなさい。記号は各《かく》一回ずつ答えること。

①　選手《せんしゅ》の〔　　〕なプレーが観客《かんきゃく》を興奮《こうふん》させた。

②　このやり方は〔　　〕ではなく、時間がかかり過《す》ぎる。

③　美術館《びじゅつかん》で〔　　〕な絵を見たが、よくわからなかった。

④　スポーツ万能《ばんのう》な弟に〔　　〕をいだいた。

⑤　自分の考えを〔　　〕に説明《せつめい》する。

⑥　〔　　〕な原因《げんいん》を直さない限《かぎ》り何も変《か》わらない。

⑦　代表選手全員が〔　　〕をもっている。

⑧　長い間、人の心を傷《きず》つけた〔　　〕に苦しんできた。

ア　合理的《ごうりてき》　イ　使命感　ウ　積極的《せっきょくてき》　エ　罪悪感《ざいあくかん》

オ　客観的《きゃっかんてき》　カ　劣等感《れっとうかん》　キ　根本的《こんぽんてき》　ク　抽象的《ちゅうしょうてき》

| ① | ② | ③ | ④ |
| --- | --- | --- | --- |
| | | | |

| ⑤ | ⑥ | ⑦ | ⑧ |
| --- | --- | --- | --- |
| | | | |

## ②

次の①～⑧の〔　〕にあてはまることばを、あとのア～クから選び、記号で答えなさい。記号は各一回ずつ答えること。

①　先生の〔　　〕なことばが気になって仕方がない。

②　兄はよく〔　　〕するので、ぼくはうんざりしている。

③　テストの成績《せいせき》が悪いのも〔　　〕だよ。

④　いつ何を勉強するのか、〔　　〕が重要《じゅうよう》だ。

⑤　想定外のことがあれば〔　　〕に行動しなさい。

⑥　ぼくは〔　　〕なことにこだわり過《す》ぎる。

⑦　姉は合格《ごうかく》の知らせを〔　　〕の思いで待っている。

⑧　人の好《この》みは〔　　〕だ。

ア　臨機応変《りんきおうへん》　イ　自画自賛《じがじさん》　ウ　千差万別《せんさばんべつ》　エ　取捨選択《しゅしゃせんたく》

オ　一日千秋《いちじつせんしゅう》　カ　枝葉末節《しようまっせつ》　キ　自業自得《じごうじとく》　ク　意味深長《いみしんちょう》

| ① | ② | ③ | ④ |
| --- | --- | --- | --- |
| | | | |

| ⑤ | ⑥ | ⑦ | ⑧ |
| --- | --- | --- | --- |
| | | | |

答え↓別冊5ページ

③ 次の①～⑩のことばの意味を【ことばの意味】のア～コから選び、さらにそれぞれのことばがあてはまる状況《じょうきょう》を、【状況】のサ～トから選び、すべて記号で答えなさい。

① 心機一転《しんきいってん》　② 異口同音《いくどうおん》　③ 楽観的《らっかんてき》　④ 単刀直入《たんとうちょくにゅう》
⑤ 親近感　⑥ 先入観《せんにゅうかん》　⑦ 傍若無人《ぼうじゃくぶじん》　⑧ 意気投合
⑨ 付和雷同《ふわらいどう》　⑩ 右往左往《うおうさおう》

【ことばの意味】

ア なんでも気楽に考えるようす
イ 前もっていだいている思いこみ
ウ 親しみ
エ おたがいの気持ちがぴったり合う
オ 多くの人が同じことを言う
カ どうすればよいかわからず、うろたえる
キ あるきっかけで気持ちがすっかり変《か》わる
ク いきなり大事な話に入る
ケ まわりを気にせず勝手なふるまいをする
コ 自分の考えがなく他人のあとを追う

【状況】

サ 日本から遠く離《はな》れた国の人にも親しみをおぼえた。
シ 初対面《しょたいめん》の時から彼《かれ》とは気が合った。
ス 結婚《けっこん》を期に気分を一新して意欲的《いよくてき》になった。
セ 司会者《しかいしゃ》はいきなりゲストに質問《しつもん》した。
ソ 周囲《しゅうい》の迷惑《めいわく》をかえりみないふるまいをする男を見た。
タ 彼女《かのじょ》は人と同じことをしたがるところがある。
チ 苦しい時には気楽に考えることも必要《ひつよう》だ。
ツ 初対面の人に対して思いこみをもっていた。
テ 人々は口々に暮《く》らし向《む》きが良《よ》くなったと言う。
ト あまりにおどろいてあたふたしてしまった。

| | 意味 | 状況 |
|---|---|---|
| ① | | |
| ④ | | |
| ⑦ | | |
| ⑩ | | |

| | 意味 | 状況 |
|---|---|---|
| ② | | |
| ⑤ | | |
| ⑧ | | |

| | 意味 | 状況 |
|---|---|---|
| ③ | | |
| ⑥ | | |
| ⑨ | | |

# 仕上げの問題

**①** 次の①～⑤の□にはア「感」(＝ものの感じ方)とイ「観」(＝ものの見方)のどちらがあてはまるか、記号で答えなさい。

① 達成《たっせい》□　② 先入□　③ 違和《いわ》□　④ 価値《かち》□

⑤ 親近□

| ① | ② | ③ | ④ | ⑤ |
|---|---|---|---|---|
| | | | | |

**②** 次の【前の語】と【後ろの語】のことばを一語ずつ結《むす》びつけて、四字熟語《じゅくご》を六つ答えなさい。各語《かくご》を一回ずつ用いること。

【前の語】空前　大同　言語《ごんご》　一日《いちじつ》　不言《ふげん》　自問

【後ろの語】小異《しょうい》　千秋《せんしゅう》　白答　実行　絶後《ぜつご》　道断《どうだん》

| | | |
|---|---|---|
| | | |
| | | |

**③** 次の①～⑤が四字熟語《じゅくご》になるように、□にあてはまる漢字一字を、読みがなを参考《さんこう》にして答えなさい。

① 絶《ぜっ》□《たい》絶命《ぜつめい》　② □《ゆう》名無実　③ 無我《むが》□《む》中

④ 一《いち》□《ごん》一句《いっく》　⑤ □《き》色満面《しょくまんめん》

| ① | ② | ③ | ④ | ⑤ |
|---|---|---|---|---|
| | | | | |

答え⇩別冊5ページ

**④** 次の①～⑩の四字熟語《じゅくご》には、それぞれ一字ずつ漢字のまちがいがあります。まちがいを正しい漢字に直して、熟語全体を答えなさい。

① 意味身長　② 自我自賛　③ 取捨選択　④ 意心伝心

⑤ 前代末問　⑥ 指葉末節　⑦ 針少棒大　⑧ 臨気応変

⑨ 異句同音　⑩ 雷光石火

| ① | ② | ③ |
|---|---|---|
| | | |
| ④ | ⑤ | ⑥ |
| | | |

| ⑦ | ⑧ | ⑨ | ⑩ |
|---|---|---|---|
| | | | |

## ⑤ 次の①～⑩の〔　〕にあてはまる四字熟語を、あとのア～コから選《えら》び、記号で答えなさい。記号は各《かく》一回ずつ答えること。

① 祖母《そぼ》は若《わか》いころの手紙をいまでも〔　〕に持っている。

② 彼女《かのじょ》の〔　〕とした説明《せつめい》には感心させられる。

③ 相手の男性《だんせい》はまじめで〔　〕な人だそうだ。

④ 余計《よけい》な説明《せつめい》はいいから〔　〕に言ってくれないか。

⑤ おたがいに鉄道ファンだということがわかり、〔　〕した。

⑥ どんなに難《むずか》しい質問《しつもん》でも〔　〕な彼《かれ》は答えられる。

⑦ 大地震《おおじしん》や台風といった〔　〕に苦しめられてきた。

⑧ 責任《せきにん》を追及《ついきゅう》され社長が〔　〕して謝罪《しゃざい》した。

⑨ 彼は卒業《そつぎょう》以来《いらい》〔　〕で、消息がわからない。

⑩ 一度は失敗《しっぱい》したが、〔　〕再起《さいき》を図《はか》ることにした。

ア 天変地異《てんぺんちい》　イ 平身低頭《へいしんていとう》　ウ 品行方正《ひんこうほうせい》

エ 単刀直入《たんとうちょくにゅう》　オ 意気投合　カ 理路整然《りろせいぜん》

キ 心機一転《しんきいってん》　ク 博学多才《はくがくたさい》　ケ 音信不通《おんしんふつう》

コ 後生大事《ごしょうだいじ》

| ① | ② | ③ | ④ | ⑤ |
|---|---|---|---|---|
| | | | | |

| ⑥ | ⑦ | ⑧ | ⑨ | ⑩ |
|---|---|---|---|---|
| | | | | |

# 1 「体の一部」を用いたことば ①

**ポイント16**
似《に》たようなことばを見分けるには、それぞれのことばが表すようすをイメージするのがよいでしょう。

## 1 目が利《き》く（物の良《よ》しあしを見分ける能力《のうりょく》がある）

例 祖父《そふ》は骨董品《こっとうひん》にとても目が利く。

## 2 目に余《あま》る（程度《ていど》が悪く見過《みす》ごせない）

例 弟のわがままが目に余る。

## 3 目をかける（好意的《こういてき》に世話をする）

例 先生はぼくに目をかけてくれている。

## 4 鼻にかける（自慢《じまん》する）

例 彼《かれ》は父親が芸能人《げいのうじん》だということを鼻にかけている。

## やってみよう

次の文の〔　〕にふさわしいことばを選《えら》ぼう。

① 部員の中でも一番努力《どりょく》する自分のことを、コーチは〔ア 鼻にかけて　イ 目をかけて　ウ 鼻を明かして〕くれて、いろいろアドバイスしてくれる。

② 彼女《かのじょ》は自分が美人であることを〔ア 目に余る　イ 目が利く　ウ 鼻にかけている〕ので、いつも気取った態度《たいど》をとるのだろう。

③ 祖母《そぼ》の影響で、母も和服については〔ア 目をかける　イ 目が利く　ウ 鼻にかける〕ので、いっしょに選んでもらうことにした。

④ 相手チームの応援団《おうえんだん》のマナーの悪さが〔ア 鼻にかける　イ 目をかける　ウ 目に余る〕ので、何としても自分の応援するチームに勝ってほしかった。

⑤ ぼくは彼《かれ》から見下された言い方をされるのがくやしいので、いつかがんばって〔ア 鼻にかけて　イ 鼻を明かして　ウ 目をかけて〕やりたい。

## 5 鼻を明かす（相手を出しぬいておどろかせる）

例 優勝《ゆうしょう》してライバルの鼻を明かしてやりたい。

## 6 口を切る（最初《さいしょ》に発言する）

例 若手《わかて》議員《ぎいん》が会議《かいぎ》でさっそく口を切った。

## 7 耳が痛《いた》い（欠点《けってん》を指摘《してき》されて聞くのがつらい）

例 君の苦言はいつも耳が痛いよ。

## 8 手が空く（仕事がなくなりひまになる）

例 姉の手が空いているようなので手伝《てつだ》ってもらう。

## 9 手を入れる（修正《しゅうせい》を加《くわ》える）

例 手を入れる必要《ひつよう》がないほどの見事なできばえだ。

## 10 手を焼《や》く（あつかいに苦労《くろう》する）

例 自分勝手な転校生にみんなで手を焼いた。

---

⑥ 絵の仕上げがうまくいかず、父に助けを求《もと》めたら、ほんの少し〔ア 口を切った イ 手を焼いた ウ 手を入れた〕だけで見ちがえるようによくなった。

⑦ ホームルームではだれも意見を言わず、空気が重くなるばかりだったので、仕方なく先生が〔ア 耳が痛かった イ 口を切った ウ 手が空いた〕。

⑧ まだ幼《おさな》い弟は強情《ごうじょう》な上に乱暴《らんぼう》で、そのくせすぐ泣《な》くので、まわりの者はいつも〔ア 耳が痛かった イ 手を入れた ウ 手を焼いていた〕。

⑨ 妹から身勝手さを指摘《してき》されたぼくは、それがどれも妹の言う通りなので、本当に〔ア 耳が痛かった イ 手を焼いた ウ 手が空いた〕。

⑩ 班《はん》のメンバーが協力《きょうりょく》して自分たちの担当《たんとう》分は完成《かんせい》して〔ア 手を焼いた イ 手を入れた ウ 手が空いた〕ので、ほかの班を手伝《てつだ》うことにした。

答え ①＝イ ②＝ウ ③＝イ ④＝ウ ⑤＝イ ⑥＝ウ ⑦＝イ ⑧＝ウ ⑨＝ア ⑩＝ウ

# 「体の一部」を用いたことば ②

## ポイント17

「顔」は人間関係《かんけい》、「腹《はら》」は気持ち、「足」は移動《いどう》や状《じょう》態《たい》の移行《いこう》など、だいたいの意味を理解《りかい》するとおぼえやすくなります。

▼の印《しるし》は小学校では習わない漢字です。語句《ごく》の意味をおぼえてください。

**1 足が出る**（予算以上《いじょう》に出費《しゅっぴ》がかさむ）

例 おみやげを買い過《す》ぎて足が出てしまった。

**2 足が早い**（くさりやすい）

例 夏場の生ものは足が早いのですぐに食べるのがよい。

**3 足元を見る**（人の弱みにつけこむ）

例 まだ子どもだからと足元を見るなんてひどい。

**4 腹《はら》をくくる**（覚悟《かくご》する）

例 もう辞退《じたい》できないと腹をくくって立候補《りっこうほ》した。

## やってみよう

次の文の〔　〕にふさわしいことばを選《えら》ぼう。

① あくどい店主はわらじがこわれて歩けずに困《こま》っている客の〔ア 腹を探って　イ 足が早くて　ウ 足元を見て〕、高い値段《ねだん》で売りつけようとした。

② もし今の生活から冷蔵庫《れいぞうこ》がなくなったら、〔ア 足が出る　イ 足が早い　ウ 腹をくくる〕生鮮食料品《せいせんしょくりょうひん》のほとんどを食べることが難《むずか》しくなってしまうだろう。

③ 仕事でも政治《せいじ》でも、こちらの意見を通すには、まず、相手の〔ア 足元を見る　イ 腹をくくる　ウ 腹を探る〕必要《ひつよう》がある。

④ 文化祭に必要な物をみんなで買いに行ったが、無計画《むけいかく》に手当たり次第に買ったために、ずいぶんと〔ア 足元を見られて　イ 足が出て　ウ 腹を探って〕しまった。

⑤ 提出日《ていしゅつび》が明日だというのに、課題《かだい》がほとんど手つかずで、もういさぎよく謝《あやま》るしかないと〔ア 腹をくくった　イ 腹を探った　ウ 足元を見た〕。

**5** **腹を探《さぐ》る**（相手の考えていることをそれとなくうかがう）

例 彼《かれ》のねらいがわからないので腹を探ってみる。

**6** **腹を割《わ》る**（隠《かく》しごとをせずすべて打ち明ける）

例 君とは腹を割ってどんなことでも話せるよ。

**7** **肩《かた》を持つ**（味方をする）

例 負けているチームの肩を持って応援《おうえん》する。

**8** **腰《こし》を折《お》る**（途《と》中《ちゅう》でじゃまをする）

例 大人の大事な話の腰を折って父におこられた。

**9** **顔が立つ**（名誉《めいよ》が保《たも》たれる）

例 君のおかげで私《わたし》も顔が立ったよ。

**10** **ひざを交える**（たがいにうちとけて親しくする）

例 初対面同士《しょたいめんどうし》がひざを交えて語り合った。

---

⑥ 各国《かっこく》の首脳《しゅのう》が一堂《いちどう》に会し、〔ア 腰を折って イ 肩を持って ウ ひざを交えて〕世界がかかえるさまざまな問題について話し合った。

⑦ 先生に推薦《すいせん》されて作文コンクールに応募《おうぼ》したところ、優秀《ゆうしゅう》作品に選《えら》ばれ、先生も自分の〔ア 肩を持った イ 顔が立った ウ 腹を割った〕と喜《よろこ》んでいた。

⑧ 母はいつも下の妹の〔ア ひざを交える イ 腰を折る ウ 肩を持つ〕ばかりで、何かというとぼくが悪いと決めつけるのでなっとくがいかない。

⑨ せっかく初《はじ》めてうちとけて話をしていたのに、突然《とつぜん》知り合いだという人が現《あらわ》れて、すっかり話の〔ア ひざを交えて イ 腰を折られて ウ 腹を割って〕しまった。

⑩ これまで彼《かれ》とは気持ちが通じておらず、ぎくしゃくしていたが、いい機会《きかい》だから〔ア 腰を折って イ 肩を持って ウ 腹を割って〕話をしてみたい。

答え

①＝ウ ②＝イ ③＝ウ ④＝イ ⑤＝ア

⑥＝ウ ⑦＝イ ⑧＝ウ ⑨＝イ ⑩＝ウ

# 3 「動作やしぐさ」を用いたことば ①

**ポイント 18**

**実際《じっさい》のしぐさや行動と、そこから生まれた慣用的《かんようてき》な意味とを重ね合わせてイメージしてみよう。**

▼の印《しるし》は小学校では習わない漢字です。語句《ごく》の意味をおぼえてください。

## 1 後ろ指をさす（かげで人の悪口を言う）

例 彼《かれ》は乱暴者《らんぼうもの》だと後ろ指をさされている。

## 2 ほぞをかむ（後悔《こうかい》する）

例 選手《せんしゅ》交代すべきだったと、監督《かんとく》はほぞをかんだ。

## 3 味をしめる（うまくいったことがくり返されると期待する）

例 前回の勝利《しょうり》に味をしめた敵《てき》が再《ふたた》びせめこんできた。

## 4 息を殺《ころ》す（息をおさえてじっとしている）

例 数千人の観客《かんきゃく》たちは息を殺して結果《けっか》発表を待った。

---

**やってみよう**

次の文の〔　〕にふさわしいことばを選《えら》ぼう。

① 味方をはげまし、適切《てきせつ》な指示《しじ》を出す弟は、チームのキャプテンという役目がすっかり〔ア ほぞをかんだ　イ 味をしめた　ウ 板についた〕ようだ。

② 客が少ない時には少し量《りょう》を増《ふ》やしてくれることに〔ア 後ろ指をさした　イ 味をしめた　ウ 息を殺した〕ぼくたちは、それから何度もその店に通った。

③ 同級生ばかりか先生にまで説教《せっきょう》をするような気の強い彼女《かのじょ》は、人から〔ア ほぞをかんでも　イ 板についても　ウ 後ろ指をさされても〕一向に気にしない。

④ テントのすぐ近くに野生のシカの親子がいたので、音を立ててにげられないように、〔ア 息を殺して　イ 味をしめて　ウ 後ろ指を指して〕ようすを見つめていた。

⑤ 寝《ね》ぼうしてしまい、店に着いた時は売り切れていたので、〔ア 息を殺す　イ 味をしめる　ウ ほぞをかむ〕思いだった。

**5 板につく**（仕事や役目が本人に見合ってくる）

例 兄の制服《せいふく》姿《すがた》もだんだん板についてきた。

**6 お茶をにごす**（いいかげんにごまかす）

例 とっさに話題を変《か》えてお茶をにごした。

**7 気が置《お》けない**（遠慮《えんりょ》しなくてすむ）

例 彼《かれ》とは気が置けない間がらなんだ。

**8 釘《くぎ》をさす**（前もって念《ねん》をおす）

例 遅刻《ちこく》しないように釘をさしておいた。

**9 けりをつける**（終わりにする）

例 早くこの問題にけりをつけなくてはならない。

**10 さじを投げる**（見放す。あきらめる）

例 先生からさじを投げられてしまった。

---

⑥ 旅行に行くにはテストの成績《せいせき》を上げることが条件《じょうけん》だと父に〔ア さじを投げられて イ けりをつけられて ウ 釘をさされて〕しまった。

⑦ 一向にやる気を見せず、宿題もやってこない彼《かれ》に先生も〔ア さじを投げて イ 釘をさして ウ お茶をにごして〕しまったようだ。

⑧ いつになったら大きな家にひっこせるのか母に聞いてみたが、〔ア 釘をさされて イ けりをつけられて ウ お茶をにごされて〕、学校の話題にすりかえられた。

⑨ 長年にわたって両国の争《あらそ》いのもとになっていた問題に〔ア さじを投げる イ お茶をにごす ウ けりをつける〕ために、首相が相手国を訪問《ほうもん》した。

⑩ ふだんは家事と仕事にいそがしい母は、〔ア お茶をにごす イ 気が置けない ウ 釘をさす〕友人たちとにぎやかに食事を楽しんで、気分転換《てんかん》をしている。

**答え** ①＝ウ ②＝イ ③＝ウ ④＝ア ⑤＝ウ ⑥＝ウ ⑦＝ア ⑧＝ウ ⑨＝ウ ⑩＝イ

**ポイント19**

**「根」は心の奥底《おくそこ》、「棚《たな》」は目につかない場所などそれぞれのことばがたとえていることを考えてみよう。**

▼の印《しるし》は小学校では習わない漢字です。語句《ごく》の意味をおぼえてください。

**1 しのぎをけずる**（はげしく争《あらそ》う）

例 二つの店はお客をめぐって長年しのぎをけずってきた。

**2 しびれをきらす**（待ちくたびれて我慢《がまん》できなくなる）

例 二時間待っても来ないのでしびれをきらして帰ってしまった。

**3 ▼棚《たな》に上げる**（始末《しまつ》しないまま放置《ほうち》する）

例 自分の欠点《けってん》を棚に上げて人の文句《もんく》ばかり言う。

**4 手塩《てしお》にかける**（大切に育てる）

例 一人娘《ひとりむすめ》を手塩にかけて育てる。

## やってみよう

次の文の（　）にふさわしいことばを選《えら》ぼう。

① 過《す》ぎたことをいつまでも（ア 棚に上げて　イ 手塩にかけて　ウ 根に持って）いないで、相手の良《よ》いところを見つけて仲良《なかよ》くした方がいい。

② 予定の時刻《じこく》をかなり過ぎても連絡《れんらく》がこないので（ア しびれをきらして　イ しのぎをけずって　ウ 棚に上げて）私《わたし》は相手に電話をかけた。

③ 両親は（ア 根に持って　イ しのぎをけずって　ウ 手塩にかけて）、ぼくを育ててくれたが、そんな親心にぼくは長い間気づかなかった。

④ ゴール直前は二人の選手《せんしゅ》が金メダルをかけて（ア しびれをきらす　イ しのぎをけずる　ウ 手塩にかけた）、歴史《れきし》に残《のこ》る名勝負だった。

⑤ 自分のミスを（ア 根に持って　イ しのぎをけずって　ウ 棚に上げて）、シュートを防《ふせ》げなかった選手を責《せ》めるのはおかしい。

## 5 根に持つ（いつまでもうらみ続《つづ》ける）

例 彼《かれ》はまだあの時のことを根に持っているらしい。

## 6 音《ね》を上げる（弱音《よわね》をはく）

例 グラウンドを五周《ごしゅう》走ったあたりで音を上げた。

## 7 花を持たせる（相手に勝ちや名誉《めいよ》をゆずる）

例 小さい子を相手にするなら花を持たせてあげよう。

## 8 的《まと》を射《い》る（要点《ようてん》をうまくつかむ）

例 彼の的を射た説明《せつめい》にとても感心した。

## 9 身につく（知識《ちしき》や技術《ぎじゅつ》をおぼえる）

例 ていねいに復習《ふくしゅう》しないといつまでたっても身につかない。

## 10 輪《わ》をかける（状態《じょうたい》をさらにひどくする）

例 人が増《ふ》えたので、部屋の中は輪をかけて暑くなった。

---

⑥ 今までだれも成功《せいこう》させていない技《わざ》が〔ア 的を射れば イ 輪をかければ ウ 身につけば〕、まちがいなくオリンピックで金メダルがとれるだろう。

⑦ ただでさえ低学年《ていがくねん》の授業《じゅぎょう》はにぎやかなのに、先生がおもしろいことを言ったために〔ア 花を持たせて イ 輪をかけて ウ 音を上げて〕さわがしくなってしまった。

⑧ かみあわない議論《ぎろん》ばかりで時間を浪費《ろうひ》していたが、ベテラン議《ぎ》員《いん》の実に〔ア 身についた イ 花を持たせた ウ 的を射た〕発言によって、会議《かいぎ》は大きく前に進んだ。

⑨ 今日の試合《しあい》は引退《いんたい》していく名選手《せんしゅ》に〔ア 輪をかける イ 花を持たせる ウ 音を上げる〕のが目的《もくてき》だったので勝ち負けは関係《かんけい》ないよ。

⑩ 去年はこの山小屋で〔ア 音を上げた イ 輪をかけた ウ 花を持たせた〕が、今年のぼくは体力もついたのでこのまま頂上《ちょうじょう》まで一気に登りきれそうだ。

答え
①＝ウ ②＝ア ③＝ウ ④＝イ ⑤＝ウ
⑥＝ウ ⑦＝イ ⑧＝ウ ⑨＝イ ⑩＝ア

# 5 その他の慣用句《かんようく》

**ポイント 20**

文字として暗記するのではなく、どのような時に使うことばなのかを理解《りかい》することが早く身につけるコツです。

**1** **青菜《あおな》に塩《しお》**（すっかり元気をなくしたようす）

例 車酔《よ》いした妹は青菜に塩のようにぐったりしていた。

**2** **赤の他人**（まったく何の関係《かんけい》もない他人）

例 知り合いだと思っていたら赤の他人だった。

**3** **後《あと》の祭り**（時期をのがして間に合わないこと）

例 発売日の翌日《よくじつ》急いで買いに行ったが後の祭りだった。

**4** **上《うわ》の空**（他のことに心をうばわれているようす）

例 旅行のことを考えていて授業《じゅぎょう》は上の空だった。

## やってみよう

次の文の〔　〕にふさわしいことばを選《えら》ぼう。

① 姉はボーイフレンドからのメールが気になって、父の話を〔ア 青菜に塩　イ 上の空　ウ 折り紙つき〕で聞いていたのできびしくしかられた。

② 試合《しあい》の最終回《さいしゅうかい》に逆転《ぎゃくてん》されたあとで、いくらエースピッチャーを投入しても、もう〔ア 赤の他人　イ 青菜に塩　ウ 後の祭り〕だよ。

③ そそっかしい母は、学生時代の友人と思って一時間も喫茶店《きっさてん》で話しこんだ相手が〔ア 折り紙つき　イ 赤の他人　ウ 上の空〕だったと知り、ぎょうてんした。

④ プロ入り一年目から、ホームラン二十本は打てるだろうと〔ア 後の祭り　イ 上の空　ウ 折り紙つき〕の大型《おおがた》新人がいよいよ登場する。

⑤ ふだんは家じゅうを走り回っている弟も、こわい祖父《そふ》におこられて、〔ア 赤の他人　イ 青菜に塩　ウ 後の祭り〕のようにおと

## 5 折《お》り紙つき（まちがいないと保《ほ》証《しょう》されたもの）

例 今年の最高傑作《さいこうけっさく》という折り紙つきの映画《えいが》を見た。

## 6 黄色い声（女性《じょせい》や子どものかん高い声）

例 アイドルの登場に会場は黄色い声でいっぱいになった。

## 7 何食わぬ顔（何もなかったような顔）

例 彼《かれ》は何食わぬ顔で悪いことをする。

## 8 火の車（家計が非常《ひじょう》に苦しいようす）

例 今月も火の車だと母が頭を痛《いた》めている。

## 9 氷山の一角（全体の一部しか明らかになっていないこと）

例 今回明らかになったことは氷山の一角に過《す》ぎない。

## 10 やぶから棒《ぼう》（とつぜん何かをするようす）

例 やぶから棒に何を言い出すんだ。

---

なしくしている。

⑥ 私たちが見聞きする悪事は単《たん》なる〔ア 火の車　イ やぶから棒　ウ 氷山の一角〕に過《す》ぎず、もっと大きな悪がこの世には存在《そんざい》するのかもしれない。

⑦ 彼《かれ》が舞台《ぶたい》に登場すると、観客《かんきゃく》の女性《じょせい》たちから〔ア 黄色い声　イ 何食わぬ顔　ウ やぶから棒〕があがった。

⑧ みんなでおしゃべりしているところに先生が現《あらわ》れたかと思うと、〔ア 何食わぬ顔で　イ 黄色い声で　ウ やぶから棒に〕早く下校しろとしかられた。

⑨ 少子高齢化《こうれいか》が急速に進んでいるわが国の財政《ざいせい》は、このままでは〔ア 氷山の一角　イ 火の車　ウ 黄色い声〕になってしまうという意見もある。

⑩ 弟は宿題をすませてから遊びに行くようきつく言われているのに、学校から帰るやいなや〔ア 黄色い声で　イ 何食わぬ顔で　ウ 火の車で〕出かけていった。

**答え**
①＝イ　②＝ウ　③＝イ　④＝ウ　⑤＝イ
⑥＝ウ　⑦＝ア　⑧＝ウ　⑨＝イ　⑩＝イ

# 練習問題　慣《かん》用《よう》句《く》

## ①

次の①～⑧の〔　〕にあてはまる慣用句《かんようく》の言い切りの形を、あとのア～クから選《えら》び、記号で答えなさい。記号は各《かく》一回ずつ答えること。

① 弟のわがままが〔　　〕。
② 姉の〔　　〕いるようなので手伝《てつだ》ってもらう。
③ 自分勝手な転校生にみんなで〔　　〕た。
④ まだ子どもだからと〔　　〕なんてひどい。
⑤ もう辞退《じたい》できないと〔　　〕て立候補《りっこうほ》した。
⑥ 君とは〔　　〕てどんなことでも話せるよ。
⑦ 大人の大事な話の〔　　〕て父に怒《おこ》られた。
⑧ 先生はぼくに〔　　〕てくれている。

ア 目に余《あま》る　イ 目をかける　ウ 手を焼《や》く　エ 手が空く
オ 腹《はら》をくくる　カ 腹を割《わ》る　キ 腰《こし》を折《お》る　ク 足元を見る

| ① | ② | ③ | ④ |
|---|---|---|---|
| | | | |
| ⑤ | ⑥ | ⑦ | ⑧ |
| | | | |

## ②

次の①～⑧の〔　〕にあてはまる慣用句の言い切りの形を、あとのア～クから選び、記号で答えなさい。記号は各一回ずつ答えること。

① 兄の制服姿《せいふくすがた》もだんだん〔　　〕てきた。
② 遅刻《ちこく》しないように〔　　〕ておいた。
③ グラウンドを五周《しゅう》走ったあたりで〔　　〕た。
④ 彼《かれ》の〔　　〕た説明《せつめい》にとても感心した。
⑤ 旅行のことを考えていて授業《じゅぎょう》は〔　　〕だった。
⑥ 今年の最高傑作《さいこうけっさく》という〔　　〕の映画《えいが》を見た。
⑦ ずっと待っても来ないので〔　　〕て帰ってしまった。
⑧ アイドルの登場で会場は〔　　〕でいっぱいになった。

ア しびれをきらす　イ 上《うわ》の空　ウ 板につく　エ 音《ね》を上げる
オ 的《まと》を射《い》る　カ 黄色い声　キ 折《お》り紙つき　ク 釘《くぎ》をさす

| ① | ② | ③ | ④ |
|---|---|---|---|
| | | | |
| ⑤ | ⑥ | ⑦ | ⑧ |
| | | | |

答え➡別冊6ページ

③ 次の①〜⑩の慣用句《かんようく》の意味を【ことばの意味】のア〜コから選び、さらにそれぞれの慣用句があてはまる状 況《じょうきょう》を、【状況】のサ〜トから選び、すべて記号で答えなさい。

① 腹《はら》を探《さぐ》る　② さじを投げる　③ 後《あと》の祭り
④ 鼻にかける　⑤ 肩《かた》を持つ　⑥ 根に持つ
⑦ 氷山の一角　⑧ 耳が痛《いた》い　⑨ 後ろ指をさす
⑩ 花を持たせる

【ことばの意味】
ア 自慢《じまん》する
イ 欠点《けってん》を指摘《してき》されて聞くのがつらい
ウ 相手の考えていることをそれとなくうかがう
エ 味方をする
オ かげで人の悪口を言う
カ 見放す。あきらめる
キ いつまでもうらみ続《つづ》ける
ク 相手に勝ちや名誉《めいよ》をゆずる
ケ 時期をのがして間に合わないこと
コ 全体の一部しか明らかになっていないこと

【状況】
サ 問題が難《むずか》しくて解《と》くのをやめてしまった。
シ 小さい子が主役になるように考える。
ス 発売日の翌日《よくじつ》買いに行ったが売り切れていた。
セ 彼《かれ》は父親が芸能人《げいのうじん》だということを自慢《じまん》している。
ソ 君の苦言はいつも正論《せいろん》で、言い返すことができないよ。
タ 彼のねらいがわからないので、推測《すいそく》してみる。
チ 負けているチームを熱心《ねっしん》に応援《おうえん》する。
ツ 多くの人が彼を乱暴者《らんぼうもの》だと陰口《かげぐち》を言っている。
テ 彼はまだあの時のことをうらみに思っているらしい。
ト 組織《そしき》をあげた不正は、一部分しか報道《ほうどう》されていない。

| | 意味 | 状況 |
|---|---|---|
| ① | | |
| ④ | | |
| ⑦ | | |
| ⑩ | | |

| | 意味 | 状況 |
|---|---|---|
| ② | | |
| ⑤ | | |
| ⑧ | | |

| | 意味 | 状況 |
|---|---|---|
| ③ | | |
| ⑥ | | |
| ⑨ | | |

# 仕上げの問題

**1** 次の①～⑨のア・イが体の一部を用いた慣用句《かんようく》となるように、□に共通してあてはまる漢字一字を答えなさい。ただし、同じ漢字を二回以上《いじょう》使わないこと。

① ア □がつまる　イ □がすく
② ア □がふさがる　イ □におえない
③ ア □をかける　イ □が高い
④ ア □が折《お》れる　イ □をうずめる
⑤ ア □が立つ　イ □をさぐる
⑥ ア □をそろえる　イ □が痛《いた》い
⑦ ア □にかける　イ □を明かす
⑧ ア □が出る　イ □が早い
⑨ ア □が立つ　イ □が利《き》く

| ① | ② | ③ |
|---|---|---|
| | | |
| ④ | ⑤ | ⑥ |
| | | |
| ⑦ | ⑧ | ⑨ |
| | | |

**2** 次の①～⑨の意味になるように、例《れい》にならって〔　〕にあてはまることばを答えなさい。

［例］相手の話を聞こうとする。→耳を〔貸《か》す〕
① 味方をする。→肩《かた》を〔　〕
② ものごとの進行のじゃまをする。→腰《こし》を〔　〕
③ いいかげんにごまかす。→お茶を〔　〕
④ はげしく争《あらそ》う。→しのぎを〔　〕
⑤ 大切に育てる。→手塩に〔　〕
⑥ 会議《かいぎ》などで最初《さいしょ》に発言する。→口を〔　〕
⑦ 知識《ちしき》や技術《ぎじゅつ》をおぼえる。→身に〔　〕
⑧ 終わりにする。→けりを〔　〕
⑨ 程度《ていど》が悪く見過《みす》ごせない。→目に〔　〕

| ① | ② | ③ |
|---|---|---|
| | | |
| ④ | ⑤ | ⑥ |
| | | |
| ⑦ | ⑧ | ⑨ |
| | | |

答え⬇別冊6ページ

③ 次の①～⑳が、下の（　）の意味を持つ、体の一部を用いた慣《かん》用句《ようく》となるように〔　〕にあてはまる漢字一字を答えなさい。

① 〔　〕を洗《あら》う（良《よ》くないことからぬけ出す）
② 〔　〕がない（とても好《す》きだ）
③ 〔　〕であしらう（相手をばかにして冷《つめ》たくする）
④ 〔　〕にどろをぬる（恥《はじ》をかかせる）
⑤ 〔　〕がかたい（言ってはならないことは決して言わない）
⑥ 〔　〕を組む（協力《きょうりょく》する）
⑦ 〔　〕にたこができる（同じことのくり返しで、聞いているのがいやになる）
⑧ 〔　〕に衣《きぬ》着せぬ（はっきりとものを言う）
⑨ 〔　〕をひっぱる（相手のじゃまをする）
⑩ 〔　〕を焼《や》く（どうすることもできずに、あつかいに困る）
⑪ 〔　〕が利《き》く（見分ける能力《のうりょく》がすぐれている）
⑫ 〔　〕をくわえる（ほしいものがあるのに手が出せない）
⑬ 〔　〕をこまねく（何もせず、ただ見ているしかない）
⑭ 〔　〕を折《お》る（得意《とくい》がっている人をやりこめる）
⑮ 〔　〕を売る（大勢《おおぜい》の人に自分を知ってもらおうとする）
⑯ 〔　〕が上がらない（引け目を感じる）
⑰ 〔　〕を落とす（がっかりしてうなだれる）
⑱ 〔　〕を疑《うたが》う（聞いたことが信《しん》じられない）
⑲ 〔　〕から火が出る（真っ赤になるほどはずかしい）
⑳ 〔　〕をつくす（すべての手段《しゅだん》を用いる）

| ① | ⑤ | ⑨ | ⑬ | ⑰ |
| --- | --- | --- | --- | --- |
| | | | | |
| ② | ⑥ | ⑩ | ⑭ | ⑱ |
| | | | | |
| ③ | ⑦ | ⑪ | ⑮ | ⑲ |
| | | | | |
| ④ | ⑧ | ⑫ | ⑯ | ⑳ |
| | | | | |

# 1 同じような意味のことわざ

**ポイント21**

**それぞれ言い表している状況《じょうきょう》が似《に》ていることわざは、まとめておぼえておくことが大切です。**

▼の印《しるし》は小学校では習わない漢字です。語句《ごく》の意味をおぼえてください。

**1** あぶ▼蜂《はち》とらず／二▼兎《と》を追う者は一▼兎をも得《え》ず
（あれもこれも欲張《よくば》るとかえってどちらも手に入らない）

**2** 石の上にも三年／待てば海路の日和《ひより》あり
（しんぼう強く我慢《がまん》すればいつかはうまくいく）

**3** 石橋をたたいて▼渡《わた》る／念《ねん》には念を入れよ
（用心するのにし過《す》ぎることはない）

**4** うりのつるになすびはならぬ／かえるの子はかえる
（平凡《へいぼん》な親から非凡《ひぼん》な子どもは生まれない）

---

## やってみよう

次の文の内容《ないよう》にふさわしいことわざのペアを上段《じょうだん》から選《えら》び、番号で答えよう。

① 父は、自分があまり勉強が好《す》きではなかったから、ぼくにもあまり期待していないようだ。

② このチームの監督《かんとく》は三点リードしていても一点を確実《かくじつ》に取る戦《せん》法《ぽう》をくずさない。

③ ベテランの歌手でも緊張《きんちょう》して歌詞《かし》をまちがえて歌ってしまうことがあるそうだ。

④ 役者を目指して下積《したづ》み生活を続《つづ》けている兄の友人は、あきらめずに、一人けいこを続けている。

⑤ 算数と国語の成績《せいせき》をいっぺんにあげようとしたが、どちらも中《ちゅう》途半端《とはんぱ》になってしまった。

**5** 弘法《こうぼう》にも筆の誤《あやま》り／かっぱの川流れ

（どんな名人であってもときには失敗《しっぱい》することもある）

**6** 紺屋《こうや》の白ばかま／医者の不養生《ふようじょう》

（人のためばかりに働《はたら》いて自分のことは後回しにしている）

**7** すずめ百まで踊《おど》り忘《わす》れず／三つ子の魂《たましい》百まで

（小さいころに身についた習慣《しゅうかん》や性格《せいかく》は年を取っても変《か》わらない）

**8** ちょうちんにつりがね／月とすっぽん

（それぞれのつりあいがとれていないようす）

**9** のれんに腕《うで》押《お》し／とうふにかすがい

（手ごたえがまったくないこと）

**10** 泣《な》き面《つら》に蜂《はち》／弱り目にたたり目

（悪いことにさらに悪いことが重なること）



⑥ 子どものころから負けずぎらいの祖父《そふ》は、孫《まご》のぼくにゲームで負けても本気でくやしがる。

⑦ 母が病気で入院してまもなく、今度は弟が学校でけがをして帰ってきた。

⑧ 母はのんびり屋の姉にいつも小言を言うのだが、姉はあいかわらずマイペースだ。

⑨ フランス料理店《りょうりてん》のシェフである父は、昼時は特《とく》にいそがしく、毎日昼食はぬきだそうだ。

⑩ お城《しろ》に暮《く》らす王子様と、姉たちにいじめられて毎日を送る私《わたし》とでは生きる世界がちがいすぎます。

**答え**

①＝4　②＝3　③＝5　④＝2

⑤＝1　⑥＝7　⑦＝10　⑧＝9

⑨＝6　⑩＝8

**ポイント22**

**それぞれのことわざがあてはまる場面を、自分の身の回りのできごとにたとえて想像《そうぞう》してみよう。**

▼の印《しるし》は小学校では習わない漢字です。語句《ごく》の意味をおぼえてください。

**1**

好《す》きこそものの上手《じょうず》なれ（好きなことは上達《じょうたつ》も早い）

下手《へた》の横好き（下手なのに好きで、熱心《ねっしん》だ）

**2**

果報《かほう》は▼寝《ね》て待て（運は人の力をこえているので、あせらず時期を待て）

まかぬ種《たね》は生えぬ（なにもしないで、よい結果《けっか》は得《え》られない）

**3**

あばたもえくぼ（好きになってしまえば欠点《けってん》も美点に見える）

▼坊主《ぼうず》▼憎《にく》けりゃ▼袈《け》▼裟《さ》まで▼憎い（その人がにくいと関係《かんけい》するものまですべてにくい）

**4**

三度目の正直（地道に続《つづ》ければ何度目かにはうまくいくものだ）

二度あることは三度ある（ものごとはとかくくり返されるものだ）

## やってみよう

次の文の内容《ないよう》にふさわしいことわざを上段《じょうだん》から選《えら》ぼう。

① 父は何を思ったか急にダンスに興味《きょうみ》を持ち、うまく踊《おど》れないのに夢中《むちゅう》になって練習している。

② 彼《かれ》は小さなうそをよくつくが、本人に罪《つみ》の意識《いしき》がなく、エスカレートするばかりだ。

③ 母は、雑誌《ざっし》の読者プレゼントに応募《おうぼ》しては、たびたび当選《とうせん》していて、今度も当たりそうな気がすると言っている。

④ 一度彼女《かのじょ》のことがきらいになると、彼女が書いた文字を見ただけでも不快《ふかい》になる。

⑤ 歴史《れきし》上の大発見の多くは偶然《ぐうぜん》の産物《さんぶつ》だが、そこに至《いた》る無数《むすう》の人々の努力《どりょく》なしでは決して成《な》しえなかった。

⑥ 観光地《かんこうち》で不法《ふほう》にゴミを捨《す》てる人たちは、自分が帰ったあと、片《かた》付《づ》けている人がいることなど考えないのだろう。

**5** うそも方便《ほうべん》（何かの目的《もくてき》のために必要《ひつよう》なうそもある）

うそつきはどろぼうの始まり（うそが平気な人は、いずれどろぼうも平気になる）

**6** 善《ぜん》は急げ（よいことは機会《きかい》をのがさず急いで行うとよい）

せいては事を仕損《しそん》じる（あせると失敗《しっぱい》しやすい）

**7** 立つ鳥後《あと》をにごさず（去る者はきちんとその場を始末《しまつ》して去るべきだ）

あとは野となれ山となれ（目の前のことが済《す》めば、あとはどうなってもかまわない）

**8** とびがたかをうむ（平凡《へいぼん》な親が非凡《ひぼん》な子をうんだ）

うりのつるになすびはならぬ（平凡な親から非凡な子は生まれない）

**9** 渡《わた》る世間に鬼《おに》はなし（世の中には非情《ひじょう》な人ばかりでなく親切な人もいる）

人を見たらどろぼうと思え（人を簡単《かんたん》に信用《しんよう》してはいけない）

**10** 君子危《あや》うきに近寄《よ》らず（かしこい人はむやみに危険《きけん》をおかさない）

虎穴《こけつ》に入《い》らずんば、虎児《こじ》を得《え》ず（危険をおかさなければ、成功《せいこう》は得《え》られない）

---

⑦ 残《のこ》り少ない時間内で逆転《ぎゃくてん》するには、守備《しゅび》の選手《せんしゅ》も攻撃《こうげき》に参加《さんか》させる必要《ひつよう》がある。

⑧ 慣《な》れない外国を旅行するときは、周囲《しゅうい》に目を光らせ、近づいてくる人に注意しなさい。

⑨ 最初《さいしょ》に時間配分も考えず、あわてた気持ちで問題を解《と》くと、思わぬミスをするものだ。

⑩ 子どもをプロの選手にしようとしても、自分同様にふつうの能力《のうりょく》しかなければとうてい無理《むり》だ。

**答え**

①＝下手の横好き
②＝うそつきはどろぼうの始まり
③＝二度あることは三度ある
④＝坊主憎けりゃ袈裟まで憎い
⑤＝まかぬ種は生えぬ
⑥＝あとは野となれ山となれ
⑦＝虎穴に入らずんば虎児を得ず
⑧＝人を見たらどろぼうと思え
⑨＝せいては事を仕損じる
⑩＝うりのつるになすびはならぬ

**ポイント23**

**ことわざには、人の世に対するいましめや教えがこめられています。どのようないましめや教えなのかを理解《りかい》することが大切です。**

▼の印《しるし》は小学校では習わない漢字です。語句《ごく》の意味をおぼえてください。

**1 悪事千里を走る**
（悪いことはすぐに世間に知られてしまう）

**2 雨だれ石をうがつ**
（根気よくやれば難《むずか》しいことも成《な》しとげられる）

**3 案《あん》ずるより産《う》むが易《やす》し**
（先に心配するより実際《じっさい》にやってみると案外《あんがい》うまくいく）

**4 急がば回れ**
（遠回りでも安全な道を進んだ方が結局《けっきょく》は早く着く）

**やってみよう**

次の文の内容《ないよう》にふさわしいことわざを上段《じょうだん》から選《えら》ぼう。

① 外国でことばが通じないことがとても不安《ふあん》だったが、いざ行ってみるとなんとかなった。

② 以前《いぜん》弱い者いじめをしていたことが自分の知らないうちにたくさんの人に知られていた。

③ 母が買ってきた背広《せびろ》は、父はきつくて着られず、兄が着るとおなかのあたりがだぶだぶだ。

④ たった一人で荒《あ》れ地を耕《たがや》し続《つづ》けた結果《けっか》、今年たくさんの作物が実った。

⑤ 成績《せいせき》を早くのばしたいのなら難《むずか》しい問題を解《と》けるようにするより、基本《きほん》を確実《かくじつ》に身につけることだ。

⑥ おしゃべりな姉は無意識《むいしき》に人を傷《きず》つけることが多く、しょっちゅう母に口をつつしむよう注意されている。

**5** 帯《おび》に短したすきに長し
（中途半端《ちゅうとはんぱ》で何をするにも役に立たない）

**6** おぼれる者はわらをもつかむ
（苦しい時は頼《たよ》りにならないものさえ頼ろうとする）

**7** かわいい子には旅をさせよ
（子どもの幸せを願《ねが》うなら苦労《くろう》をさせた方がよい）

**8** 口は災《わざわ》いの門
（うっかりしゃべって災いを招《まね》かないよう口をつつしめ）

**9** 後《こう》悔《かい》先に立たず
（失敗《しっぱい》してからいくら悔《く》やんでも手おくれだ）

**10** 転ばぬ先のつえ
（失敗しないように事前に備《そな》えておくべきだ）

---

⑦ 山の天気は変《か》わりやすいから、どんなに晴れていても急な雨や雪に備《そな》えておくべきだ。

⑧ 妹は人見知りで泣《な》き虫だったが、思い切って海外留学《りゅうがく》をさせたら、明るく活発になった。

⑨ 物資《ぶっし》が欠乏《けつぼう》していた戦争《せんそう》中、武器《ぶき》を作るために家庭のなべやかまも集めたそうだ。

⑩ 虫歯になって痛《いた》みに苦しみながら、もっときちんと歯をみがいていればよかったとつくづく思った。

**答え**

①＝案ずるより産むが易し
②＝悪事千里を走る
③＝帯に短したすきに長し
④＝雨だれ石をうがつ
⑤＝急がば回れ
⑥＝口は災いの門
⑦＝転ばぬ先のつえ
⑧＝かわいい子には旅をさせよ
⑨＝おぼれる者はわらをもつかむ
⑩＝後悔先に立たず

**ポイント 24**

「地頭《じとう》」「粟《あわ》」などのなじみのないことばはどんなものであるか調べてみよう。意味が実感できるようになります。

▼の印《しるし》は小学校では習わない漢字です。語句《ごく》の意味をおぼえてください。

**1** 三人寄《よ》れば文殊《もんじゅ》の知恵《ちえ》

（何事も何人かで相談すればよい知恵がうかぶ）

**2** 朱《しゅ》に交《まじ》われば赤くなる

（人はまわりの環境《かんきょう》に影響《えいきょう》されて良《よ》くも悪くもなる）

**3** 船頭《せんどう》多くして船山《ふねやま》に上《のぼ》る

（指図や口出しをする人が多いと、ものごとはうまくいかない）

**4** 出るくいは打たれる

（出過《す》ぎたことをすると人からきらわれる）

## やってみよう

次の文の内容《ないよう》にふさわしいことわざを上段《じょうだん》から選《えら》ぼう。

① 生徒《せいと》集会で上級生の誤《あやま》りを指摘《してき》して以来《いらい》、あちこちで冷《つめ》たい視《し》線《せん》を感じるようになった。

② 道に迷《まよ》ったぼくたちは、みんなで解決方法《かいけつほうほう》を話し合い、無事《ぶじ》に帰ることができた。

③ 自由研究のテーマ探《さが》しで困《こま》っていたが、農家であるわが家を通して農業について調べることを思いついた。

④ 兄は一時期、悪い友達《ともだち》とつきあっていたせいで、ずいぶん乱暴《らんぼう》なことば使いをしていた。

⑤ みんなが思い思いの意見を言い合うだけで、まとまりのないチームになってしまった。

⑥ その国にはない、めずらしい品物を、たくさん持ちこんで大もうけができた。

**5** **灯台下**《とうだいもと》**暗し**
（自分や身近なことは意外とわからないものだ）

**6** **とらぬたぬきの皮算用**《かわざんよう》
（まだ何も手に入らないうちからあてにすること）

**7** **泣**《な》**く子と地頭**《じとう》**には勝てぬ**
（我《が》を張《は》る者には理屈《りくつ》が通らないので逆《さか》らわない方がよい）

**8** **ぬれ手で粟**《あわ》
（たいした苦労《くろう》もせずに多くの利益《りえき》を得《え》ること）

**9** **のどもと過**《す》**ぎれば熱**《あつ》**さを忘**《わす》**れる**
（苦しかったことも時がたてばすっかり忘《わす》れてしまう）

**10** **焼**《や》**け石に水**
（わずかな助けでは何の役にも立たない）



---

⑦ 得点差《とくてんさ》が大きく開いて、負けが確実《かくじつ》になってからホームランを打っても、あまり意味がない。

⑧ 歩きつかれた子どもが泣《な》きながら座《すわ》りこんでしまったので、おんぶして帰ってきた。

⑨ 入院中は健康《けんこう》のありがたさを痛感《つうかん》したという父も、今ではもとの不規則《ふきそく》な生活にもどってしまった。

⑩ 宝《たから》くじを買った母が、新しい家を建《た》てて、家族全員で海外旅行に行く計画を立てている。

**答え**

①＝出るくいは打たれる
②＝三人寄れば文殊の知恵
③＝灯台下暗し
④＝朱に交われば赤くなる
⑤＝船頭多くして船山に上る
⑥＝ぬれ手で粟
⑦＝焼け石に水
⑧＝泣く子と地頭には勝てぬ
⑨＝のどもと過ぎれば熱さを忘れる
⑩＝とらぬたぬきの皮算用

# 5 これだけはおぼえておきたい故事成語《こじせいご》

## ポイント25

「故事成語《こじせいご》」とは、昔の中国でのお話がもとになってできたことばです。この「お話」を知ることで、意味の理解《りかい》が深まります。

▼の印《しるし》は小学校では習わない漢字です。語句《ごく》の意味をおぼえてください。

**1** ▼杞《き》▼憂《ゆう》

（必要《ひつよう》のない心配をすること）

**2** 漁夫《ぎょふ》の利《り》

（争《あらそ》いごとに夢中《むちゅう》になっているすきに別の者が利益《りえき》を得《え》ること）

**3** 紅一点《こういってん》

（多くの男性《だんせい》たちの中でたった一人の女性《じょせい》）

**4** 五十歩百歩

（似《に》たり寄《よ》ったりであまりちがいがない）

## やってみよう

次の文の「お話」からできた故事成語《こじせいご》を上段《じょうだん》から選《えら》ぼう。

① 一面の草むらの中に、たった一輪《いちりん》だけ赤く美しい花が咲《さ》いている。

② とりでのそばに住んでいた老人《ろうじん》の馬がにげ出し、良馬《りょうば》を連《つ》れて帰ってきた。その馬に乗った若者《わかもの》が落馬して大けがをしたが、おかげで若者は戦《いくさ》に行かずにすんだ。

③ 浜《はま》で鳥が貝を食べようとしたが、貝は鳥のくちばしをはさみこんでしまった。鳥と貝が争《あらそ》っていると、漁師《りょうし》がこれを見つけて、苦労《くろう》もなく鳥も貝も手に入れた。

④ ある戦で、五十歩にげた兵《へい》が、百歩にげた兵をおくびょうだとばかにした。しかし、どちらもにげたことには変《か》わりはない。

⑤ 杞《き》という国にいた男が、天が落ちてきやしないかと心配で、夜もろくに寝《ね》ることができなかった。

**5** 塞《さい》翁《おう》が馬

（不幸《ふこう》が幸福につながることもあり、人生は予測《よそく》できない）

**6** 四《し》面《めん》楚《そ》歌《か》

（周囲《しゅうい》がすべて敵《てき》ばかりで味方がいない）

**7** 杜《ず》撰《さん》

（文章や作品に誤《あやま》りが多い）

**8** 他山の石

（どんなことでも自分を向上させるうえで役に立つ）

**9** 蛇《だ》足《そく》

（不要《ふよう》なこと。よけいなこと）

**10** 背水《はいすい》の陣《じん》

（もうあとには引けないという覚悟《かくご》でものごとにあたる）



---

⑥ 杜黙《ともく》という詩人の作品には、詩のきまりに合わないものが多かった。

⑦ 他の山から出た価値《かち》のない石も、自分が持っている宝石《ほうせき》をみがくのに役立つ。

⑧ 川を背《せ》にして陣《じん》をしき、にげ場がないようにしたところ、兵《へい》が必死《ひっし》に戦い、勝利《しょうり》を収《おさ》めた。

⑨ 楚《そ》という国の武将《ぶしょう》が敵軍《てきぐん》に包囲《ほうい》されたとき、そこらじゅうから、楚の歌が聞こえてきた。これを聞いて武将は、楚の国の人々が敵に降伏《こうふく》してしまったと絶望《ぜつぼう》した。

⑩ 最初《さいしょ》にへびの絵をかき終えた者がお酒を飲めるという競争《きょうそう》をしたところ、一番早くかきあげた男がよゆうをみせて、足までかいたら、「足があったらへびではない」と言われてお酒をうばわれてしまった。

**答え**

①＝紅一点 ②＝塞翁が馬 ③＝漁夫の利

④＝五十歩百歩 ⑤＝杞憂 ⑥＝杜撰

⑦＝他山の石 ⑧＝背水の陣

⑨＝四面楚歌 ⑩＝蛇足

# 練習問題　ことわざと故事成語《こじせいご》

## ①

次の①～⑩のことわざの意味を、あとのア～コから選《えら》び、記号で答えなさい。

① とらぬたぬきの皮算用　② あばたもえくぼ
③ 急がば回れ　④ のどもと過《す》ぎれば熱《あつ》さを忘《わす》れる
⑤ 渡《わた》る世間に鬼《おに》はなし　⑥ 案《あん》ずるより産《う》むが易《やす》し
⑦ 朱《しゅ》に交《まじ》われば赤くなる　⑧ 帯《おび》に短したすきに長し
⑨ 口は災《わざわ》いの門　⑩ あぶ蜂《はち》とらず

ア 先に心配するより実際《じっさい》にやってみると案外《あんがい》うまくいく。
イ 中途半端《ちゅうとはんぱ》で何をするにも役に立たない。
ウ 人はまわりの環境《かんきょう》に影響《えいきょう》されて良《よ》くも悪くもなる。
エ まだ何も手に入らないうちからあてにすること。
オ 苦しかったことも時がたてばすっかり忘《わす》れてしまう。
カ 好《す》きになってしまえば欠点《けってん》も美点に見える。
キ 世の中には非情《ひじょう》な人ばかりでなく親切な人もいる。
ク 遠回りでも安全な道を進んだ方が結局《けっきょく》は早く着く。
ケ うっかりしゃべって災いを招《まね》かないよう口をつつしめ。
コ あれもこれも欲張《よくば》るとかえってどちらも手に入らない。

| | |
|---|---|
| ① | ⑥ |
| | |
| ② | ⑦ |
| | |
| ③ | ⑧ |
| | |
| ④ | ⑨ |
| | |
| ⑤ | ⑩ |
| | |

## ②

次の①～⑤の故事成語《こじせいご》の意味を、あとのア～オから選び、記号で答えなさい。

① 蛇足《だそく》　② 他山の石　③ 漁夫《ぎょふ》の利《り》　④ 塞翁《さいおう》が馬
⑤ 杞憂《きゆう》

ア 争《あらそ》いごとに夢中《むちゅう》になるすきに別《べつ》の者が利益《りえき》を得《え》ること。
イ 不幸《ふこう》が幸福につながることもある。
ウ どんなことでも自分を向上させるうえで役に立つ。
エ 必要《ひつよう》のない心配をすること。
オ 不要《ふよう》なこと。よけいなこと。

| |
|---|
| ① |
| |
| ② |
| |
| ③ |
| |
| ④ |
| |
| ⑤ |
| |

答え➡別冊7ページ

③ 次の①～⑩のことわざ・故事成語《こじせいご》の意味を【ことばの意味】のア～コから選び、さらにそれぞれがあてはまる状況《じょうきょう》を、【状況】のサ～トから選び、すべて記号で答えなさい。

① 出るくいは打たれる
② 四面楚歌《しめんそか》
③ 転ばぬ先のつえ
④ おぼれる者はわらをもつかむ
⑤ 五十歩百歩
⑥ 好《す》きこそものの上手《じょうず》なれ
⑦ 立つ鳥後《あと》をにごさず
⑧ 悪事千里を走る
⑨ 灯台下《とうだいもと》暗し
⑩ 石の上にも三年

【ことばの意味】

ア 悪いことはすぐに世間に知られてしまう
イ 去る者はきちんとその場を始末《しまつ》して去るべきだ
ウ 苦しい時は頼《たよ》りにならないものさえ頼ろうとする
エ 出過《す》ぎたことをすると人からきらわれる
オ 自分や身近なことは意外とわからないものだ
カ 似《に》たり寄《よ》ったりであまりちがいがない
キ 周囲《しゅうい》がすべて敵《てき》ばかりで味方がいない
ク しんぼう強く我慢《がまん》すればいつかはうまくいく
ケ 失敗《しっぱい》しないように事前に備《そな》えておくべきだ
コ 好きなことは上達《じょうたつ》も早く大成《たいせい》する

【状況】

サ みんなでよってたかってぼくを責《せ》めるのか。
シ 人よりも目立つとねたまれることがある。
ス 引《ひ》っ越《こ》しするときにはきれいに掃除《そうじ》をして出ていこう。
セ 寝《ね》るのも忘《わす》れてギターを弾《ひ》くので早く上達した。
ソ 大げんかしたことがあっという間に学校中に知《し》れ渡《わた》った。
タ 授業《じゅぎょう》中に居眠《いねむ》りするのもおしゃべりするのもよくない。
チ 長年の地道な努力《どりょく》がついに花開き、世間に認《みと》められた。
ツ 旅行に行く時は健康《けんこう》であっても薬を持っていくべきだ。
テ 人に言われるまでぼくがうってつけだと気づかなかった。
ト 急な雨で傘《かさ》がないからハンカチを頭に乗せるしかない。

| | 意味 | 状況 |
|---|---|---|
| ① | | |
| ④ | | |
| ⑦ | | |
| ⑩ | | |

| | 意味 | 状況 |
|---|---|---|
| ② | | |
| ⑤ | | |
| ⑧ | | |

| | 意味 | 状況 |
|---|---|---|
| ③ | | |
| ⑥ | | |
| ⑨ | | |

**①** 次の①〜⑩がことわざとなるように、〔　〕にあてはまる漢数字一字を答えなさい。ただし、〔　〕が二つあるものは別《べつ》の数字が入ります。

① 〔　〕つ子の魂《たましい》百まで
② 〔　〕聞は一見にしかず
③ 早起きは〔　〕文《もん》の徳《とく》(得)
④ 一寸《いっすん》の虫にも〔　〕分《ぶ》の魂
⑤ なくて〔　〕くせ
⑥ 石の上にも〔　〕年
⑦ 〔　〕転び〔　〕起き
⑧ 〔　〕事が〔　〕事
⑨ 〔　〕死に〔　〕生を得《え》る
⑩ 〔　〕里の道も〔　〕歩から

| ① | ⑤ | ⑨ |
|---|---|---|
| | | |

| ② | ⑥ | ⑩ |
|---|---|---|
| | | |

| ③ | ⑦ |
|---|---|
| | |

| ④ | ⑧ |
|---|---|
| | |

**②** 次の①〜⑩がことわざとなるように、〔　〕にあてはまる生き物をひらがなで答えなさい。

① 泣《な》き面《つら》に〔　〕
② 〔　〕の耳に念仏《ねんぶつ》
③ 〔　〕も木から落ちる
④ とらぬ〔　〕の皮算用
⑤ 〔　〕の一声
⑥ 〔　〕の甲《こう》より年の功《こう》
⑦ 〔　〕にかつおぶし
⑧ 〔　〕でたいをつる
⑨ とらの威《い》を借《か》る〔　〕
⑩ 能《のう》ある〔　〕は爪《つめ》をかくす

| ① | ④ | ⑦ | ⑩ |
|---|---|---|---|
| | | | |

| ② | ⑤ | ⑧ |
|---|---|---|
| | | |

| ③ | ⑥ | ⑨ |
|---|---|---|
| | | |

答え➡別冊7ページ

## ③ 次の①〜⑩のことわざ・故事成語《こじせいご》と意味が似《に》ているものを、あとのア〜コから選《えら》び、記号で答えなさい。

① かえるの子はかえる
② 石橋をたたいて渡《わた》る
③ あぶ蜂《はち》とらず
④ ぬかにくぎ
⑤ 身から出たさび
⑥ どんぐりのせいくらべ
⑦ 月とすっぽん
⑧ ぶたに真珠《しんじゅ》
⑨ かっぱの川流れ
⑩ せいては事を仕損《しそん》じる

ア 急がば回れ
イ ねこに小判《こばん》
ウ 五十歩百歩
エ 二兎《にと》を追う者は一兎《いっと》をも得《え》ず
オ ちょうちんにつりがね
カ 弘法《こうぼう》にも筆の誤《あやま》り
キ 自業自得《じごうじとく》
ク のれんに腕押《うでお》し
ケ 転ばぬ先のつえ
コ うりのつるになすびはならぬ

| ① | ② | ③ | ④ | ⑤ |
|---|---|---|---|---|
| | | | | |
| ⑥ | ⑦ | ⑧ | ⑨ | ⑩ |
| | | | | |

## ④ 次の①〜⑩と反対の意味のことわざを、あとのア〜コから選び、記号で答えなさい。

① 三度目の正直
② あぶ蜂とらず
③ とびがたかをうむ
④ 善《ぜん》は急げ
⑤ 立つ鳥後《あと》をにごさず
⑥ 転ばぬ先のつえ
⑦ 渡《わた》る世間に鬼《おに》はなし
⑧ 好《す》きこそものの上手《じょうず》なれ
⑨ まかぬ種《たね》は生えぬ
⑩ しゃくしは耳かきにはならぬ

ア 下手《へた》の横好《よこず》き
イ かえるの子はかえる
ウ せいては事を仕損じる
エ あとは野となれ山となれ
オ 棚《たな》からぼたもち
カ 二度あることは三度ある
キ 人を見たらどろぼうと思え
ク 一石二鳥
ケ どろぼうをとらえて縄《なわ》をなう
コ 大は小をかねる

| ① | ② | ③ | ④ | ⑤ |
|---|---|---|---|---|
| | | | | |
| ⑥ | ⑦ | ⑧ | ⑨ | ⑩ |
| | | | | |

# 1 身のまわりにある外来語 ①

**ポイント26**

すでに「日本語」として定着した外来語であっても、意味による使い方のびみょうなちがいがあるので注意しましょう。

**1 イベント**（もよおし物。行事）

例 今年最大《さいだい》のイベントであるオリンピックが始まる。

**2 サイクル**（変化《へんか》が一回おきて、もとにもどること。周期《しゅうき》）

例 服装《ふくそう》にも流行のサイクルがあるそうだ。

**3 サポート**（手助けすること。支援《しえん》）

例 けがをした同級生をみんなでサポートした。

**4 システム**（秩序《ちつじょ》立てて統一《とういつ》したもの。しくみ。組織《そしき》。制度《せいど》）

例 この銀行には最新《さいしん》の防犯《ぼうはん》システムが備《そな》わっている。

---

## やってみよう

次の文の〔　　〕にあてはまることばを上段《じょうだん》から選《えら》ぼう。

① 新しく開発された〔　　〕を取り入れて、生産量《せいさんりょう》を増大《ぞうだい》させた。

② 絵画についてはよくわからない自分にも、この絵が実に〔　　〕な作品だということはわかる。

③ 母は家族の誕生日《たんじょうび》やクリスマスといった、一年の中で何度かある〔　　〕をとても大切にしている。

④ 世の中の経済《けいざい》は、ある程度《ていど》決まった〔　　〕で順調《じゅんちょう》な時と不調《ふちょう》の時をくり返すと父から教わった。

⑤ ひとり暮《ぐ》らしのお年寄《としよ》りを〔　　〕するには、町や地域《ちいき》全体で取り組む必要《ひつよう》がある。

⑥ 高温多湿《たしつ》というきびしい気候《きこう》のもとで試合《しあい》に臨《のぞ》んだ日本選手《せんしゅ》たちの〔　　〕は明らかに以前《いぜん》よりも低下《ていか》している。

**5** **ユニーク**（個性的《こせいてき》。独特《どくとく》なようす）

例　彼《かれ》はいつもユニークな発言をするので楽しみだ。

**6** **コメント**（発言。意見。説明《せつめい》）

例　負けたチームの選手《せんしゅ》からコメントをとるのは難《むずか》しい。

**7** **ニーズ**（必要《ひつよう》。要望《ようぼう》）

例　商売では、お客様のニーズをつかむことが大切だ。

**8** **パフォーマンス**（表現《ひょうげん》や演技《えんぎ》。性能《せいのう》）

例　大道芸《だいどうげい》は日本独特《どくとく》のパフォーマンスだ。

**9** **プライバシー**（他人に知られたくない個人的《こじんてき》なこと）

例　芸能人《げいのうじん》のプライバシーを暴露《ばくろ》する記事がでた。

**10** **メッセージ**（意見。主張《しゅちょう》。伝言《でんごん》）

例　巻末《かんまつ》に筆者から読者へのメッセージがのっている。



---

⑦ 電子メールで、誕生日《たんじょうび》のお祝《いわ》いの〔　　　　〕を送っておいた。

⑧ 汗《あせ》がすぐかわき、いつでもサラサラしている肌《はだ》ざわりのよい下着を着たい、という人々の〔　　　　〕にこたえる新商品がヒットしている。

⑨ テレビのニュース番組の出演者《しゅつえんしゃ》には、世の中で起きるさまざまな事件《じけん》やできごとに対して、短く的確《てきかく》な〔　　　　〕を発する資《し》質《しつ》が求《もと》められる。

⑩ 最近《さいきん》、家の窓《まど》に通気性《つうきせい》の良《よ》さと〔　　　　〕の保護《ほご》とを両立させることができる障子《しょうじ》を付《つ》けることが増《ふ》えているらしい。

**答え**

①＝システム　②＝ユニーク　③＝イベント
④＝サイクル　⑤＝サポート　⑥＝パフォーマンス
⑦＝メッセージ　⑧＝ニーズ　⑨＝コメント
⑩＝プライバシー

# 2 身のまわりにある外来語 ②

**ポイント27**

**すでに一般的《いっぱんてき》になった外来語も、あらためて日本語で意味を考えてみることによって、いっそう理解《りかい》が深まります。**

**1** アドバイス（助言。忠告《ちゅうこく》）

例 コーチのアドバイスによって動きがなめらかになった。

**2** インフォメーション（情報《じょうほう》。案内《あんない》）

例 渋滞《じゅうたい》についてのインフォメーションを掲示《けいじ》する。

**3** エチケット（礼儀作法《れいぎさほう》）

例 日本人の公共《こうきょう》の場でのエチケットは低下《ていか》しつつある。

**4** コミュニケーション（思っていることや情報《じょうほう》を伝《つた》え合うこと）

例 ことばは人間のコミュニケーションにとってもっとも大切なものだ。

## やってみよう

次の文の〔　　〕にあてはまることばを上段《じょうだん》から選《えら》ぼう。

① みんなで協力《きょうりょく》してものごとにあたる時には、〔　　〕をしっかりとることが何よりも大切だ。

② よその家に上がる時には、ぬいだくつを散《ち》らかしたりしないで、きちんとそろえておくのが〔　　〕です。

③ 多くの〔　　〕ストアでは、銀行の機能《きのう》やチケットの注文、本の受け取りなど、さまざまなサービスを取りあつかっている。

④ テーマパークの〔　　〕センターには、情報《じょうほう》が集まっていて、広い園内で何が行われているのかがすぐわかる。

⑤ 中学受験《じゅけん》では、塾《じゅく》の先生だけでなく、受験を経験《けいけん》した先輩《せんぱい》たちの〔　　〕もとても役立つ。

⑥ 将来《しょうらい》この海をうめ立てて、大きな商業施設《しせつ》をいくつも作るという〔　　〕が検討《けんとう》されているそうだ。

**5 コンビニエンス**（便利）

例 一日中開いているコンビニエンスストアがもしなくなったら、私《わたし》たちの生活はどうなるのだろう。

**6 セキュリティ**（安全。防犯《ぼうはん》）

例 この学校のセキュリティシステムはかんぺきだ。

**7 ディスカッション**（討論）

例 みんなで節電《せつでん》の工夫《くふう》についてディスカッションしよう。

**8 テクノロジー**（科学技術《ぎじゅつ》）

例 人類《じんるい》はテクノロジーの進化によって健康《けんこう》と幸福を手にした。

**9 プラン**（計画）

例 夏休みの旅行のプランを家族みんなで決めた。

**10 レポート**（報告）

例 社会科見学のレポートを書いている。

---

⑦ パソコンの（　　　）をしっかりしていないと、大切なデータや個人情報《こじんじょうほう》が流失《りゅうしつ》するおそれがある。

⑧ あさがおの観察《かんさつ》（　　　）を夏休みの自由課題《かだい》にしようと思い、毎日のようすを写真で記録《きろく》した。

⑨ 欧米《おうべい》の子どもたちは、小さいころから（　　　）をして、みんながなっとくした上で、ものごとをすすめる習慣《しゅうかん》が身についている。

⑩ 医療《いりょう》に関《かん》する（　　　）の発達《はったつ》は、直接《ちょくせつ》人の命に関《かか》わるものなので、人々の関心《かんしん》が高い分野だ。

**答え**

①＝コミュニケーション　②＝エチケット
③＝コンビニエンス　④＝インフォメーション
⑤＝アドバイス　⑥＝プラン　⑦＝セキュリティ
⑧＝レポート　⑨＝ディスカッション
⑩＝テクノロジー

# 3 聞いたことがある外来語 ①

**ポイント 28**

もし、なじみのない外来語で、それだけでは意味の見当がつかなければ、例文《れいぶん》などの使われ方から推測《すいそく》しよう。

## 1 アプローチ（接近《せっきん》。近づき方）

例 相手に警戒心《けいかいしん》をいだかせずにうまくアプローチする。

## 2 エゴイスト（自己中心的《じこちゅうしんてき》な人）

例 どこにでも身勝手なエゴイストが一人や二人はいる。

## 3 カムフラージュ（偽装《ぎそう》）

例 まわりの植物の葉の色に似《に》せてカムフラージュする。

## 4 キャラクター（性格《せいかく》。人がら）

例 姉は明るく活発なキャラクターだ。

## やってみよう

次の文の〔　　〕にあてはまることばを上段《じょうだん》から選《えら》ぼう。

① 野生動物の中には、獲物《えもの》をとらえやすくするために、体の模様《もよう》を周囲《しゅうい》の自然《しぜん》に〔　　〕するものもいる。

② 同じ集団《しゅうだん》の中に、たまたま似《に》たような〔　　〕の人がいると「かぶる」という言い方をするそうだ。

③ チームスポーツでは協調性《きょうちょうせい》が大切だが、自己主張《じこしゅちょう》が強い〔　　〕のような選手《せんしゅ》が仲間《なかま》を引っ張《ば》る場合もある。

④ 母は客からよせられる〔　　〕を受け付《つ》ける仕事をしていて、ストレスのたまる職場《しょくば》だと話している。

⑤ 姉が交際《こうさい》している人は、はじめは音楽のコンサートにいっしょに行こうと〔　　〕してきたのだそうだ。

⑥ 音楽業界で、〔　　〕がそれほど高くないのにヒットする

## 5 クレーム（苦情《くじょう》）

例 生徒《せいと》の声がうるさいと学校にクレームが来たそうだ。

## 6 ケア（介護《かいご》。注意）

例 事故《じこ》にあった人の心のケアが重要《じゅうよう》だ。

## 7 クオリティ（品質《ひんしつ》）

例 細かなところまで最高《さいこう》のクオリティを追及《ついきゅう》した車。

## 8 コラボレーション（共同作業《きょうどうさぎょう》）

例 料理人《りょうりにん》と建築家《けんちくか》のコラボレーションでできた斬新《ざんしん》なキッチン。

## 9 コンプレックス（劣等感《れっとうかん》。集合体）

例 ぼくは足がおそいことにコンプレックスをもっている。

## 10 シミュレーション（模擬実験《もぎじっけん》）

例 計画が成功《せいこう》するか、何度もシミュレーションしてみた。



---

曲にはいくつかの条件《じょうけん》があるのだそうだ。

⑦ いま話題の、和菓子《わがし》と洋菓子の〔　　〕によってできたスイーツをみんなで試食《ししょく》した。

⑧ 大地震《だいじしん》が発生しても被害《ひがい》を最小限《さいしょうげん》におさえるために、ありとあらゆる状況《じょうきょう》を〔　　〕し、対策《たいさく》を講《こう》じてもらいたい。

⑨ ぼくはそそっかしいところがあるので、問題の細かいところまできちんと〔　　〕をしないため、答えをまちがえて先生をがっかりさせている。

⑩ だれにでも一つぐらい〔　　〕があるものだというが、勉強もできて、スポーツ万能《ばんのう》で、クラスの人気者のA君もそうなのだろうか。

**答え**
①＝カムフラージュ　②＝キャラクター
③＝エゴイスト　④＝クレーム　⑤＝アプローチ
⑥＝クオリティ　⑦＝コラボレーション
⑧＝シミュレーション　⑨＝ケア　⑩＝コンプレックス

# 4 聞いたことがある外来語 ②

**ポイント29**

古くからある外来語は「ものの名前」が多く、比較《ひかく》的《てき》新しいものは「考え」など形のないものを表すことが多いようです。

**1 シンボル**（象徴《しょうちょう》）

例 桜《さくら》の花は日本のシンボルの一つだ。

**2 スピリット**（精神《せいしん》）

例 アメリカ人は困難《こんなん》に挑戦《ちょうせん》するというスピリットを重んじる。

**3 ダメージ**（痛手《いたで》）

例 この回の失点《しってん》は大きなダメージとなった。

**4 トラブル**（いざこざ）

例 この店は客同士《どうし》のトラブルが多い。

## やってみよう

次の文の（　）にあてはまることばを上段《じょうだん》から選《えら》ぼう。

① 製品《せいひん》に不良品《ふりょうひん》が出たと報《ほう》じられただけでも、会社にとっては大きな（　）になってしまった。

② 大会の（　）を明確《めいかく》に打ち出して、オリンピックを招致《しょうち》する。

③ 東京スカイツリーが新しい東京の（　）だと言われるが、東京タワーもあいかわらず人気があるようだ。

④ 乗客同士《どうし》の（　）が増《ふ》えているのは、今の世の中がかかえている問題が関係《かんけい》しているのではないだろうか。

⑤ ぼくたちのチームには、困難《こんなん》に立ち向かい、決してあきらないうというファイティング（　）がある。

⑥ 現在《げんざい》、各国《かっこく》の（　）関係者が大挙《たいきょ》して国際会議《こくさいかいぎ》の取材《しゅざい》のために来日しているため、会場近辺《きんぺん》の宿泊施設《しゅくはくしせつ》はどこも満室《まんしつ》が続《つづ》いている。

## 5 コンセプト（もとになる考え方。概念《がいねん》。意図《いと》）

例 「近未来《きんみらい》の大家族」をコンセプトに作られた住宅《じゅうたく》。

## 6 プロセス（過程《かてい》。途中《とちゅう》の段階《だんかい》）

例 製品《せいひん》ができるまでのプロセスを教わった。

## 7 メディア（情報《じょうほう》を仲立《なかだ》ちするもの。媒体《ばいたい》）

例 合格《ごうかく》発表会場には多くのメディアが集まっている。

## 8 メリット（利点《りてん》。よいところ）

例 このやり方ではメリットが少ない。

## 9 モチベーション（意欲《いよく》。動機《どうき》）

例 選手《せんしゅ》のモチベーションを高めるのもコーチの役目だ。

## 10 リスク（失敗《しっぱい》するおそれや危険性《きけんせい》）

例 少しでも損失《そんしつ》のリスクがあるなら参加《さんか》できない。

---

⑦ ここで、万一相手にボールをうばわれたらもう防《ふせ》ぎようがないという、大きな〔　　　〕のある作戦《さくせん》。

⑧ 数週間で体重を減《へ》らせるという〔　　　〕がある一方で、食《しょく》欲《よく》が大きく減退《げんたい》するというデメリットもある。

⑨ 算数と国語のどちらも、答えにいたる〔　　　〕を大切にするという意味で、自分の考えを順序《じゅんじょ》立てて説明《せつめい》する能力《のうりょく》が必要《ひつよう》だといえる。

⑩ 私《わたし》の志望校《しぼうこう》に通うお姉さんから、学校のようすを聞いて、ますますその学校に入りたいという〔　　　〕が高まった。

**答え**

①＝ダメージ　②＝コンセプト　③＝シンボル
④＝トラブル　⑤＝スピリット　⑥＝メディア
⑦＝リスク　⑧＝メリット　⑨＝プロセス
⑩＝モチベーション

# 5 あまりなじみのない外来語

**ポイント30**

日本語にうまく置《お》きかえられない外来語もあります。前後にどんなことばがあるか、どんなときに使うかに注目しよう。

**1 イメージ**（ものごとの全体的《ぜんたいてき》な感じ。印象《いんしょう》）

例 彼《かれ》には初《はじ》めのうちは悪いイメージしかなかった。

**2 オーソドックス**（一般的《いっぱんてき》。正統《せいとう》）

例 この学校の入試《にゅうし》問題はオーソドックスなものが多い。

**3 カテゴリー**（同じものがふくまれる範囲《はんい》。部類《ぶるい》）

例 この競技《きょうぎ》は体重別《べつ》にカテゴリーを分けている。

**4 ジレンマ**（相反することがらに板ばさみになること）

例 経済成長《けいざいせいちょう》と環境保護《かんきょうほご》とのジレンマに苦しんでいる。

## やってみよう

次の文の（　　）にあてはまることばを上段《じょうだん》から選《えら》ぼう。

① 大きな衣料《いりょう》品店では、性別《せいべつ》や年代、服の素材《そざい》や形など、さまざまな（　　）に商品が分けられている。

② 剣《けん》の達人《たつじん》は心に少しのゆるみも起きないように、日ごろから（　　）な暮《く》らしを心がけていた。

③ この楽曲は、リズムやメロディーが非常《ひじょう》に（　　）で、幅《はば》広い世代に受け入れられた。

④ 勉強もしなければならないが、チームのキャプテンとしてだれよりも練習しなければならないという（　　）におちいった。

⑤ 今月発売された新曲はこれまでとはずいぶんちがうもので、このグループの（　　）が大きく変《か》わった。

⑥ 本物そっくりの（　　）な映像《えいぞう》は見た人すべてをおどろかせた。

## 5 ストイック（自分にきびしい。欲望《よくぼう》をおさえるようす）

例 彼《かれ》はお菓子《かし》を決して口にしないストイックな人だ。

## 6 トレンド（動向。ある方向への動き）

例 妹はファッションの新しいトレンドに注目している。

## 7 ノスタルジー（古いものをなつかしむ心）

例 古いおもちゃを見て、父はノスタルジーにひたっている。

## 8 バーチャル（現実《げんじつ》ではなく、仮想《かそう》の）

例 ゲームをやり過《す》ぎるとバーチャルという感覚《かんかく》がうすれていく。

## 9 リアル（現実に合わせていること）

例 このロボットは質感《しつかん》がリアル過ぎて、少し不気味《ぶきみ》だ。

## 10 ローカル（地方。地域《ちいき》）

例 同窓会《どうそうかい》ではローカルな話題で盛《も》り上がった。

---

⑦ 最新《さいしん》の医療《いりょう》技術《ぎじゅつ》では、〔　　〕リアリティの装置《そうち》などによって事前に手術《しゅじゅつ》を行い、患者《かんじゃ》への負担《ふたん》を少しでも軽減《けいげん》させることができる。

⑧ 流行に敏感《びんかん》な若者《わかもの》をリードしていく、〔　　〕を作り出す人は、日ごろから世の中の動きを冷静《れいせい》に分析《ぶんせき》しているのだろう。

⑨ 日本中の〔　　〕線に乗ってのんびりと旅するのが父のひそかな夢《ゆめ》なのだそうだ。

⑩ 赤い円柱のような形をした、昔ながらの郵便《ゆうびん》ポストは人々の〔　　〕をたまらなく刺激《しげき》したらしく、たまに街《まち》で見かけるようになった。

**答え**
①＝カテゴリー ②＝ストイック ③＝オーソドックス
④＝ジレンマ ⑤＝イメージ ⑥＝リアル
⑦＝バーチャル ⑧＝トレンド ⑨＝ローカル
⑩＝ノスタルジー

# 練習問題　外来語

**①** 次の①～⑧の〔　〕にあてはまる外来語を、あとのア～クから選《えら》び、記号で答えなさい。記号は各《かく》一回ずつ答えること。

① この銀行には最新《さいしん》の防犯《ぼうはん》〔　〕が備《そな》わっている。
② 彼《かれ》はいつも〔　〕な発言をするので楽しみだ。
③ ことばは人間の〔　〕にとって大切なものだ。
④ みんなで節電《せつでん》の工夫《くふう》について〔　〕しよう。
⑤ 虫はまわりの植物の葉の色に〔　〕する。
⑥ 計画が成功《せいこう》するか、何度も〔　〕してみた。
⑦ 製品《せいひん》ができるまでの〔　〕を教わった。
⑧ 選手《せんしゅ》の〔　〕を高めるのもコーチの役目だ。

ア シミュレーション　イ ディスカッション
ウ カムフラージュ　エ システム　オ プロセス
カ ユニーク　キ モチベーション　ク コミュニケーション

| ① | ② | ③ | ④ |
|---|---|---|---|
| | | | |

| ⑤ | ⑥ | ⑦ | ⑧ |
|---|---|---|---|
| | | | |

**②** 次の①～⑧の〔　〕にあてはまる外来語を、あとのア～クから選び、記号で答えなさい。記号は各一回ずつ答えること。

① このロボットは質感《しつかん》が〔　〕過《す》ぎて、少し不気味《ぶきみ》だ。
② 今年最大《さいだい》の〔　〕であるオリンピックが始まる。
③ 日本人の公衆《こうしゅう》〔　〕は低下《ていか》しつつある。
④ 夏休みの旅行の〔　〕を家族みんなで決めた。
⑤ 姉は明るく活発な〔　〕だ。
⑥ 少しでも損失《そんしつ》の〔　〕があるなら参加《さんか》できない。
⑦ この学校の入試《にゅうし》問題は〔　〕なものが多い。
⑧ この競技《きょうぎ》は体重別《べつ》に〔　〕を分けている。

ア リスク　イ オーソドックス　ウ カテゴリー
エ リアル　オ エチケット　カ キャラクター
キ イベント　ク プラン

| ① | ② | ③ | ④ |
|---|---|---|---|
| | | | |

| ⑤ | ⑥ | ⑦ | ⑧ |
|---|---|---|---|
| | | | |

答え➡別冊8ページ

③ 次の①~⑩の外来語の意味を【ことばの意味】のア~コから選び、さらにそれぞれのことばがあてはまる状況《じょうきょう》を、【状況】のサ~トから選び、すべて記号で答えなさい。

① イメージ　② コラボレーション　③ クレーム
④ セキュリティ　⑤ コンプレックス　⑥ サポート
⑦ テクノロジー　⑧ プライバシー　⑨ メリット
⑩ ローカル

【ことばの意味】
ア 手助けすること。支援《しえん》
イ 他人に知られたくない個人的《こじんてき》なこと
ウ 安全。防犯《ぼうはん》
エ 科学技術《ぎじゅつ》
オ 苦情《くじょう》
カ 劣等感《れっとうかん》。集合体
キ 共同《きょうどう》作業
ク 利点《りてん》。よいところ
ケ ものごとの全体的《ぜんたいてき》な感じ。印象《いんしょう》
コ 地方。地域《ちいき》

【状況】
サ それは地元の人にしかわからない話題だね。
シ 出入りする人をすべて監視《かんし》カメラで記録《きろく》している。
ス 足がおそくて、人前で競走《きょうそう》などしたくない。
セ 写真で見る限《かぎ》り、とてもやさしそうな人だ。
ソ 住所や電話番号はむやみに知られないほうがよい。
タ 時間を節約《せつやく》できるところがこの方法《ほうほう》のよいところだ。
チ 説明書《せつめいしょ》にまちがいがあると文句《もんく》を言う。
ツ 足をけがした同級生の登下校につきそう。
テ 将来《しょうらい》、走りながら発電する車が開発されるだろう。
ト フランス料理《りょうり》を和風の食器《しょっき》に盛《も》りつけて出している。

| | 意味 | 状況 |
|---|---|---|
| ① | | |
| ④ | | |
| ⑦ | | |
| ⑩ | | |

| | 意味 | 状況 |
|---|---|---|
| ② | | |
| ⑤ | | |
| ⑧ | | |

| | 意味 | 状況 |
|---|---|---|
| ③ | | |
| ⑥ | | |
| ⑨ | | |

**①** 次の①~⑩の意味の外来語を、あとのア~コから選《えら》び、記号で答えなさい。

① 支援《しえん》　② 行事　③ 仕組み　④ 助言
⑤ 礼儀作法《れいぎさほう》　⑥ 安全　⑦ 科学技術《ぎじゅつ》　⑧ 計画
⑨ 伝言《でんごん》　⑩ 独特《どくとく》なようす

ア エチケット　イ テクノロジー　ウ サポート
エ アドバイス　オ プラン　カ ユニーク
キ メッセージ　ク イベント　ケ セキュリティ
コ システム

| ① | ② | ③ | ④ | ⑤ |
|---|---|---|---|---|
| | | | | |
| ⑥ | ⑦ | ⑧ | ⑨ | ⑩ |
| | | | | |

**②** 次の①~⑩の状況《じょうきょう》にあてはまる外来語を、あとのア~コから選び、記号で答えなさい。

① 当日の動きをくり返して、不都合《ふつごう》がないか確《たし》かめた。
② みんなでよく話し合って考えを伝《つた》えあおう。
③ 共同《きょうどう》作業によって一人で作るよりもいいものにする。
④ ぼくよりも勉強ができる兄に引け目を感じている。
⑤ 混雑《こんざつ》している電車の中で客同士《きゃくどうし》のいざこざがあった。
⑥ 投資《とうし》には、不測《ふそく》の事態《じたい》で損《そん》をする危険《きけん》がつきものだ。
⑦ 製品《せいひん》ができるまでの途中《とちゅう》の過程《かてい》を見学した。
⑧ この失敗《しっぱい》は計画全体にとって大きな痛手《いたで》となるだろう。
⑨ あたかもその場にいるかのように見せかける。
⑩ 注文したのとちがうものが入っていたので苦情《くじょう》を言った。

ア コンプレックス　イ コミュニケーション　ウ リスク
エ トラブル　オ シミュレーション　カ ダメージ
キ カムフラージュ　ク プロセス　ケ クレーム
コ コラボレーション

| ① | ② | ③ | ④ | ⑤ |
|---|---|---|---|---|
| | | | | |
| ⑥ | ⑦ | ⑧ | ⑨ | ⑩ |
| | | | | |

答え➡別冊8ページ

## ③ 次の①～⑤の——線部のことばはア・イどちらの意味で使われているか、記号で答えなさい。

① 大観衆《だいかんしゅう》の応援《おうえん》のもと、選手《せんしゅ》は最大《さいだい》のパフォーマンスを発揮《はっき》した。
ア 演技《えんぎ》
イ 能力《のうりょく》

② 私的《してき》な日記から作家の当時の心理にアプローチする。
ア 対象《たいしょう》に迫《せま》ること
イ 実際《じっさい》に働《はたら》きかけること

③ このマンガには、おもしろいキャラクターが出てくる。
ア 登場人物
イ 性格《せいかく》づけ

④ 市長は高齢者《こうれいしゃ》の在宅《ざいたく》ケアの充実《じゅうじつ》を約束《やくそく》した。
ア 手入れをすること
イ 世話をすること

⑤ 人口減少《げんしょう》が今後の日本社会のトレンドだ。
ア 流行
イ 動向

| ① | ② | ③ | ④ | ⑤ |
|---|---|---|---|---|
| | | | | |

## ④ 次の①～⑦の外来語の意味としてあてはまるものを、あとのア～キから選び、記号で答えなさい。

① インフォメーションセンター
② ケアレスミス
③ バーチャルリアリティー
④ セキュリティシステム
⑤ ストリートパフォーマンス
⑥ マスメディア
⑦ ハイクオリティー

ア 防犯設備《ぼうはんせつび》
イ 高品質《こうひんしつ》
ウ 路上での上演《じょうえん》
エ 案内所《あんないじょ》
オ 大量《たいりょう》の情報《じょうほう》を仲立《なかだ》ちする媒体《ばいたい》
カ 仮想現実《かそうげんじつ》
キ 不注意《ふちゅうい》なまちがい

| ① | ② | ③ | ④ | ⑤ | ⑥ | ⑦ |
|---|---|---|---|---|---|---|
| | | | | | | |

# 1 難《むずか》しい熟語《じゅくご》

**ポイント31**

**難《むずか》しいことばは「対義語《たいぎご》」や「類義語《るいぎご》」とセットにしておぼえることで意味がイメージしやすくなります。**

▼の印《しるし》は小学校では習わない漢字です。語句《ごく》の意味をおぼえてください。

**1 普《ふ》遍《へん》**（すべてのことにあてはまること）＝一般《いっぱん》・⇔特殊《とくしゅ》

例 自由と平和を尊重《そんちょう》するのは人類《じんるい》普遍の考え方だ。

**2 主観《しゅかん》**（自分の立場に立って考えること）⇔客観《きゃっかん》

例 主観に基《もと》づいた意見ばかり言ってもまとまらない。

**3 相対**（相手との関係《かんけい》でたがいを考えること）⇔絶対《ぜったい》

例 ものごとを相対的《てき》に見るとまちがいにくくなる。

## やってみよう

次の〔　　〕にふさわしいことばを選《えら》ぼう。

① 本を読んだり、人の意見を聞いたりすることで、自分の考えが〔ア 分析されて　イ 相対化されて　ウ 主観的になって〕、よりきたえぬかれたものに進化していく。

② 〔ア 倫理　イ 分析　ウ 主観〕だけでものを言うと、ひとりよがりになりがちなので、一歩引いて、はなれたところから自分たちを客観的《きゃっかんてき》に見つめ直してみるとよい。

③ 私《わたし》たちは臓器移植治療《ぞうきいしょくちりょう》をとおして、人間の身体と心の関係《かんけい》や死というものをどのように考えるか、といった〔ア 相対　イ 倫理　ウ 分析〕的に重い問いかけをつきつけられた。

④ 古くから神話や物語にえがかれてきたように、家族やきょうだい同士《どうし》が仲良《なかよ》くすることは、すべての人間にあてはまる〔ア 普遍　イ 相対　ウ 主観〕的な価値《かち》だ。

⑤ 失敗《しっぱい》をしてもその原因《げんいん》を〔ア 主観　イ 倫理　ウ 分析〕して

**4** **分析《ぶんせき》**（複雑《ふくざつ》なことを細かく分類《ぶんるい》して調べること）⇕総合《そうごう》

例 成績《せいせき》が下がった原因《げんいん》を先生に分析してもらった。

**5** **倫理《りんり》**（人としてあるべき正しい生き方）＝道徳《どうとく》

例 人を裏切《うらぎ》るのは倫理に反している。

**6** **葛藤《かっとう》**（ことなる二つの気持ちでなやむ）

例 心の葛藤になやむ。

**7** **必然《ひつぜん》**（必《かなら》ずそうなると決まっている）⇕偶然《ぐうぜん》

例 今回の敗北《はいぼく》はある意味では必然だ。

**8** **偏見《へんけん》**（かたよった考え。思いこみ）＝先入観《せんにゅうかん》

例 いわれのない偏見で苦しんだ人々がいる。

**9** **不可欠《ふかけつ》**（なくてはならない）

例 成功《せいこう》するには君の協力《きょうりょく》が不可欠だ。

**10** **理不尽《りふじん》**（道理や常識《じょうしき》に合わないこと）

例 部活の先輩《せんぱい》から理不尽な注意を受けた。

---

追究することによって、次の機会《きかい》にいかすことをさして「失敗は成功《せいこう》の母である」という。

⑥ 隣国《りんごく》からの〔ア 不可欠　イ 偏見　ウ 理不尽〕な要求《ようきゅう》を拒否《きょひ》した小国が隣国の軍隊《ぐんたい》によって侵略《しんりゃく》され、数日のうちに降伏《こうふく》させられてしまった。

⑦ 誤《あやま》ってうさぎをにがしてしまったことをだまっていようという気持ちと、正直に言わなければならないという良心との間の〔ア 偏見　イ 必然　ウ 葛藤〕で苦しんでいる。

⑧ チームが勝つためには力のある選手《せんしゅ》の参加《さんか》が〔ア 必然　イ 不可欠　ウ 理不尽〕だが、彼《かれ》は自己《じこ》中心的《ちゅうしんてき》な性格《せいかく》なのでまわりの選手とうまくやっていくことができない。

⑨ 国民《こくみん》を豊《ゆた》かにするよりも、一部の政治家《せいじか》や有力者だけに有利《ゆうり》な政策《せいさく》を行ってきた政府《せいふ》が、民衆《みんしゅう》の反乱《はんらん》によってたおされるのも歴史の〔ア 葛藤　イ 必然　ウ 理不尽〕だ。

⑩ 日本に住んでいると人種《じんしゅ》による差別《さべつ》や〔ア 偏見　イ 葛藤　ウ 理不尽〕をあまり実感できないので、外国に比《くら》べると平等に対する意識《いしき》が弱いのかもしれない。

**答え**

①＝イ　②＝ウ　③＝イ　④＝ア　⑤＝ウ
⑥＝ウ　⑦＝ウ　⑧＝イ　⑨＝イ　⑩＝ア

**ポイント32**

なじみのないことばは、例文《れいぶん》の内容《ないよう》に自分が登場しているように見立ててイメージするとおぼえやすくなります。

**1 あざける**（ばかにする）

例 だれかがぼくをぶじょくしてあざける笑《わら》い声が聞こえた。

**2 いぶかる**（あやしむ。疑《うたが》う）

例 父はぼくたちの言い訳《わけ》をいぶかるように聞き返した。

**3 うなだれる**（がっかりして落ちこむ）

例 優勝《ゆうしょう》をのがした選手《せんしゅ》たちがうなだれている。

**4 強《し》いる**（無理してさせる）

例 先生はきびしい練習をぼくたちに強いた。

## やってみよう

次の文の〔　〕にふさわしいことばを選《えら》ぼう。

① 昔、農民《のうみん》が国王から重い税金《ぜいきん》を課《か》され、そのために過酷《かこく》な労働《ろうどう》を〔ア うなだれて　イ 強いられて　ウ ためらって〕いたことは、多くの絵画にえがかれている。

② 家に上がるように言ってもらったものの、さんざん外で遊んだあとで、足がよごれていたので、もうしわけなくて〔ア いぶかって　イ あざけって　ウ ためらって〕いた。

③ ぼくたちがこんなに早く教室のそうじを終わらせるのは何かたくらみがあるのではないかと、先生は全員の顔を〔ア うなだれる　イ 強いる　ウ いぶかる〕ように見た。

④ うそをついたことを父からきびしくとがめられて〔ア ためらって　イ うなだれて　ウ あざけって〕いる弟にやさしいことばをかけてあげた。

⑤ 自分で得点《とくてん》を決めたとき、調子に乗って相手の選手《せんしゅ》を〔ア いぶかる　イ あざける　ウ うなだれる〕ようなしぐさをした選手

## 5 ためらう（ちゅうちょする。まよう）

例 ほんの少しためらったせいでチャンスをのがしてしまった。

## 6 取りつくろう（なんとかうまくごまかす）

例 あわててその場を取りつくろった。

## 7 はぐらかす（話を変《か》えてごまかす）

例 母にうまくはぐらかされたような気がする。

## 8 はばかる（えんりょする）

例 だれにはばかることなく堂々《どうどう》としていろ。

## 9 ひけらかす（じまんして見せびらかす）

例 自分の功績《こうせき》をひけらかす男。

## 10 へつらう（人に気に入られるようにふるまう）

例 えらい人にへつらう人間が大きらいだ。

が問題になっている。

⑥ 大事な式典《しきてん》など、おごそかな雰囲気《ふんいき》の場では、トイレに行くために席《せき》を立つことさえ〔ア 取りつくろう　イ はぐらかす　ウ はばかられる〕ようで緊張《きんちょう》してしまう。

⑦ 上司《じょうし》に〔ア ひけらかす　イ へつらう　ウ はばかる〕ことで出世しようと考える人がいるらしいが、父は一生懸命《いっしょうけんめい》に仕事をしてさえいれば十分だ、といつも言っている。

⑧ 先生のものまねで盛《も》り上がっていたら、当の本人が来て話に加《くわ》わろうとしたので、とっさに別《べつ》の話を思いつき、なんとかその場を〔ア ひけらかした　イ へつらった　ウ 取りつくろった〕。

⑨ 彼女《かのじょ》は自分の家が裕福《ゆうふく》なことを〔ア ひけらかす　イ はばかる　ウ 取りつくろう〕ところがある。

⑩ うわさの真相を聞き出そうと、レポーターがしつこく質問《しつもん》するのをアイドルが上手《じょうず》に〔ア へつらって　イ はぐらかして　ウ ひけらかして〕いる場面をテレビで見た。

答え
①＝イ　②＝ウ　③＝ウ　④＝イ　⑤＝イ
⑥＝ウ　⑦＝イ　⑧＝ウ　⑨＝ア　⑩＝イ

## ポイント33

**修飾《しゅうしょく》されることばとセットにして、どのような時に使うのかを意識《いしき》しておぼえよう。**

### 1 あながち（必《かなら》ずしも～ない）

例 君の推理《すいり》はあながち外れだとも言えない。

### 2 あわよくば（運が良《よ》ければ）

例 このままあわよくば二位《にい》に入ることも夢《ゆめ》じゃない。

### 3 いたずらに（むだに）

例 ボールを追っていたずらに走ってみても仕方がない。

### 4 いやおうなしに（無理《むり》やり）

例 ゲームを取り上げたら、いやおうなしに勉強するだろう。

---

## やってみよう

次の文の〔　〕にふさわしいことばを選《えら》ぼう。

① 友達《ともだち》と二人でエレベーターに乗っていたら、途中《とちゅう》の階で大勢《おおぜい》の人が乗ってきたため、〔ア おもむろに　イ いたずらに　ウ いやおうなしに〕はなればなれになってしまった。

② 災害《さいがい》が起きたとき、〔ア あながち　イ いたずらに　ウ いやおうなしに〕デマやうわさを信《しん》じないためにも、正確《せいかく》な情報《じょうほう》を手にいれるようにしよう。

③ 地道な活動が実を結《むす》び、着々と支持《しじ》の輪《わ》が広がったので、〔ア あわよくば　イ いやおうなしに　ウ おもむろに〕選挙《せんきょ》でトップ当選《とうせん》する可能性《かのうせい》も出てきた。

④ 敵《てき》がせめこんできたという知らせを聞いた剣《けん》の達人《たつじん》は、あわてるそぶりも見せず、〔ア いたずらに　イ あわよくば　ウ おもむろに〕剣を手に取った。

⑤ 最下位《さいかい》だったチームが今年は一転して優勝《ゆうしょう》という大胆《だいたん》な予想だが、選手《せんしゅ》を入れ替《か》えているので、〔ア あわよくば　イ あながち

## 5 おもむろに（ゆっくりと）

例 彼女《かのじょ》はおもむろに立ち上がると話し始めた。

## 6 聞こえよがしに（本人に聞こえるように悪口を言う）

例 彼《かれ》は聞こえよがしにぼくのミスを言いふらしている。

## 7 にわかに（急に。とつぜん）

例 西の空に真っ黒な雲がにわかに出てきた。

## 8 まんべんなく（もれなく全体にいきわたるように）

例 パンにまんべんなくバターをぬった。

## 9 やみくもに（後先を考えず。ただひたすらに）

例 やみくもに行動を始めても効果《こうか》がない。

## 10 ややもすると（すぐそうなりやすい）

例 彼女はややもすると無理《むり》をしがちだ。



ウ いたずらに〕的外《まとはず》れだとも言えない。

⑥ ボールを受けたら〔ア まんべんなく　イ やみくもに　ウ ややもすると〕けらず、まわりをよく見てしっかりねらいを定めてからパスをするとよい。

⑦ ふだんは朝が苦手で、遊びに行くときだけ早起きする父とぼくへの不満《ふまん》を、母と姉が大きな声で〔ア にわかに　イ 聞こえよがしに　ウ まんべんなく〕話している。

⑧ 負けずぎらいなぼくは、〔ア ややもすると　イ やみくもに　ウ にわかに〕表情《ひょうじょう》やことばづかいがきつくなり、とげとげしい雰囲気《ふんいき》になってしまう欠点《けってん》がある。

⑨ テストの準備《じゅんび》をする時には、特定《とくてい》の分野にヤマを張《は》ったりせず、どの単元《たんげん》も〔ア やみくもに　イ 聞こえよがしに　ウ まんべんなく〕勉強しておくのが望《のぞ》ましい。

⑩ 彼《かれ》のやさしそうな母親が、実は有名な武道家《ぶどうか》だったと聞いても、〔ア にわかに　イ ややもすると　ウ 聞こえよがしに〕は信《しん》じられない。

答え
①＝ウ　②＝イ　③＝ア　④＝ウ　⑤＝イ
⑥＝イ　⑦＝イ　⑧＝ア　⑨＝ウ　⑩＝ア

**ポイント34**

大人《おとな》にとってはなじみのあることばなので、ふだんの生活の中で心にとめておいて、実際《じっさい》に使ってみるとよいでしょう。

## 1 おざなりだ（いいかげんにすませる）

例 宿題をおざなりに済《す》ませてしまった。

## 2 おぼつかない（うまくいきそうにない。頼りない）

例 これでは優勝《ゆうしょう》などとてもおぼつかない。

## 3 かたくなだ（意地を張《は》って変《か》えようとしない）

例 彼《かれ》はすっかりかたくなになってだまりこんだ。

## 4 つつましい（えんりょ深い。質素《しっそ》）

例 ぜいたくをひかえてつつましく暮《く》らそう。

---

### やってみよう

次の文の〔　　　〕にふさわしいことばを選《えら》ぼう。

① 受験《じゅけん》する友達《ともだち》にあこがれて塾《じゅく》通いを始めたものの、勉強もさほど熱心《ねっしん》にやらないのでは、合格《ごうかく》などとても〔ア つれない　イ つつましい　ウ おぼつかない〕。

② 新しいゲームを買いに行こうと何人かの友達をさそってみたが、みんな受験《じゅけん》勉強でいそがしいからと〔ア おざなりな　イ かたくなな　ウ つれない〕返事しか返してくれなかった。

③ 文化祭では、細かいことでも〔ア つつましく　イ おざなりに　ウ おぼつかなく〕しないで、なっとくがいくまで検討《けんとう》し、かんぺきに準備《じゅんび》することが、当日の成功《せいこう》につながる。

④ 姉はテニスの試合《しあい》中に足をくじいてしまい、コーチから棄権《きけん》するようにアドバイスされたが、〔ア おざなりに　イ つれなく　ウ かたくなに〕それをこばんだそうだ。

⑤ 窓辺《まどべ》の席《せき》で静《しず》かにお茶を飲み、ゆったりと庭をながめている老《ろう》人《じん》の身なりからは〔ア かたくなな　イ つつましい　ウ おぼつ

## 5 つれない（思いやりがない。よそよそしい）

例 兄は彼女《かのじょ》からつれない態度《たいど》をとられたそうだ。

## 6 とりとめのない（まとまりがない）

例 姉は毎晩友達《まいばんともだち》ととりとめのない話をしている。

## 7 ないがしろ（そまつにするようす）

例 約束《やくそく》がないがしろにされたと誤解《ごかい》してしまった。

## 8 はかない（長く続《つづ》かない）

例 桜《さくら》の花がはかなく散《ち》っていく。

## 9 ふがいない（情《なさ》けない。意気地《いくじ》がない）

例 ふがいない成績《せいせき》に次回はがんばるとちかった。

## 10 ままならない（思い通りにならない）

例 手をケガしてしまい、歯をみがくのもままならない。



かない〕生活ぶりがうかがえた。

⑥ 初《はつ》もうでの混雑《こんざつ》はすさまじく、心を落ち着かせてお参《まい》りすることはおろか、まっすぐ前に進むことさえ〔ア とりとめのない　イ ないがしろな　ウ ままならない〕状態《じょうたい》だ。

⑦ 父は、知人の結婚式《けっこんしき》で突然《とつぜん》スピーチを求《もと》められたために〔ア とりとめのない　イ ままならない　ウ はかない〕あいさつになってしまったとしょげかえっていた。

⑧ 手も足も出ず敗《やぶ》れ去った選手《せんしゅ》たちは、自分たちの〔ア はかなさ　イ ままならなさ　ウ ふがいなさ〕にがっかりしたようすだった。

⑨ どの教科の勉強でも、基本《きほん》を〔ア ないがしろに　イ とりとめなく　ウ ままならなく〕していては、難《むずか》しい応用《おうよう》問題に対応《たいおう》できない。

⑩ 何年間もきびしい練習にたえてきたのに、このまま試合《しあい》に負けて甲子園《こうしえん》出場も〔ア とりとめのない　イ はかない　ウ ふがいない〕夢《ゆめ》に終わってしまうのか。

答え
①＝ウ　②＝ウ　③＝イ　④＝ウ　⑤＝イ
⑥＝ウ　⑦＝ア　⑧＝ウ　⑨＝ア　⑩＝イ

**ポイント35**

**それぞれの慣用句《かんようく》が表す内容《ないよう》（比喩《ひゆ》）と、ことばの意味（現実）とを重ね合わせることで理解《りかい》が深まります。**

**1 えりを正す**（まじめにきちんとする）

例 国民《こくみん》のきびしい目に対し、えりを正して向き合う。

**2 かたずをのむ**（先行きをじっと見守るようす）

例 観客《かんきゃく》は結果《けっか》発表をかたずをのんで見守った。

**3 白羽《しらは》の矢を立てる**（見こまれて選《えら》び出される）

例 残《のこ》り一つの代表は、ぼくに白羽の矢が立った。

**4 たかをくくる**（見くびる。軽く考えるようす）

例 まさかここまでは来るまいとたかをくくっていた。

**やってみよう**

次の文の〔　〕にふさわしいことばを選《えら》ぼう。

① 引退《いんたい》を表明した党首《とうしゅ》は自分の後継者《こうけいしゃ》として、まだ四十代の若手《わかて》議員《ぎいん》に〔ア たかをくくった　イ かたずをのんだ　ウ 白羽の矢を立てた〕。

② あと一時間もすれば仕事も終わると〔ア 腹にすえかねて　イ えりを正して　ウ たかをくくって〕いたが、一向に終わらず、とうとう夜が明けてしまった。

③ 新しい社長は、これまでの不正《ふせい》をすべて明るみに出し、社員みんなで〔ア たかをくくって　イ えりを正して　ウ 白羽の矢を立てて〕会社の再建《さいけん》に取り組むと語った。

④ メインスタジアムにつめかけた十万人の大観衆《だいかんしゅう》は金メダルを決める最後《さいご》の一周《いっしゅう》の勝負を〔ア 腹にすえかねて　イ 白羽の矢を立てて　ウ かたずをのんで〕見守った。

⑤ 父は相手の両親の身勝手な言い分がよほど〔ア かたずをのんだ　イ 腹にすえかねた　ウ えりを正した〕らしく、きびしい口

## 5 腹《はら》にすえかねる（怒《いか》りをこらえることができない）

例 君の言いがかりは腹にすえかねる。

## 6 つじつまが合う（ものごとの話の筋道《すじみち》が合う）

例 彼《かれ》の説明《せつめい》にはつじつまが合わないところがある。

## 7 取りつく島もない（冷《ひ》ややかでつっけんどんなようす）

例 頼《たの》んでみたが取りつく島もなく断《ことわ》られた。

## 8 目から鼻にぬける（頭が良《よ》いようす）

例 弟は目から鼻にぬけるようなかしこい子どもだ。

## 9 横車《よこぐるま》を押《お》す（無理《むり》やり自分の考えを押し通す）

例 彼がいつものように横車を押してきた。

## 10 らちがあかない（ものごとが先に進まないようす）

例 君と話していてもらちがあかない。

---

調で反論《はんろん》し、ぼくを弁護《べんご》した。

⑥ ようやく文化祭の出し物が決まったのに、上級生が同じ出し物はやめろと〔ア らちがあかない　イ 目から鼻にぬける　ウ 横車を押した〕ために変更《へんこう》しなければならなくなった。

⑦ 先生たちに上級生の不当《ふとう》な口出しをうったえても、当事者同士《どうし》で解決《かいけつ》しろと〔ア つじつまが合わなかった　イ 目から鼻にぬけた　ウ 取りつく島もなかった〕。

⑧ 先生にうったえても〔ア 横車を押す　イ らちがあかない　ウ つじつまが合う〕ので、ぼくたちは全員そろって上級生に出し物の変更は難《むずか》しいと相談しに行った。

⑨ 上級生の中の一人が、共同《きょうどう》で一つの出し物にすればよいのではないかと〔ア 目から鼻にぬける　イ 取りつく島もない　ウ 横車を押す〕ような提案《ていあん》をした。

⑩ ぼくたちと上級生たちは〔ア らちがあかない　イ 取りつく島もない　ウ つじつまが合わない〕ストーリーにならないよう、劇《げき》の脚本《きゃくほん》を手直しして準備《じゅんび》を進めた。

**答え**
①＝ウ　②＝ウ　③＝イ　④＝ウ　⑤＝イ
⑥＝ウ　⑦＝ウ　⑧＝イ　⑨＝ア　⑩＝ウ

## ①

次の①〜⑧の〔　〕にあてはまることばの言い切りの形を、あとのア〜クから選《えら》び、記号で答えなさい。記号は各《かく》一回ずつ答えること。

① 自由と平和を尊重《そんちょう》するのは人類《じんるい》〔　〕の考え方だ。
② ものごとを〔　〕的《てき》に見るとまちがいにくくなる。
③ 心の〔　〕になやむ。
④ 成功《せいこう》するには君の協力《きょうりょく》が〔　〕だ。
⑤ 父はぼくたちの言い訳《わけ》を〔　〕ように聞き返した。
⑥ あわててその場を〔　〕た。
⑦ だれに〔　〕ことなく堂々《どうどう》としている。
⑧ 自分の功績《こうせき》を〔　〕男。

ア 相対　イ はばかる　ウ 普遍《ふへん》　エ ひけらかす
オ 葛藤《かっとう》　カ いぶかる　キ 不可欠《ふかけつ》　ク 取りつくろう

| | | | |
|---|---|---|---|
| ① | ② | ③ | ④ |
| | | | |
| ⑤ | ⑥ | ⑦ | ⑧ |
| | | | |

## ②

次の①〜⑧の〔　〕にあてはまることばを、あとのア〜クから選び、記号で答えなさい。記号は各一回ずつ答えること。

① ボールを追って〔　〕走ってみても仕方がない。
② 彼《かれ》は〔　〕ぼくのミスを言いふらしている。
③ パンに〔　〕バターをぬった。
④ 彼女《かのじょ》は〔　〕無理《むり》をしがちだ。
⑤ 宿題を〔　〕に済《す》ませてしまった。
⑥ これでは優勝《ゆうしょう》などとても〔　〕。
⑦ 桜《さくら》の花が〔　〕散《ち》っていく。
⑧ 〔　〕成績《せいせき》に次回はがんばろうとちかった。

ア いたずらに　イ おざなり　ウ はかなく
エ ややもすると　オ 聞こえよがしに　カ おぼつかない
キ まんべんなく　ク ふがいない

| | | | |
|---|---|---|---|
| ① | ② | ③ | ④ |
| | | | |
| ⑤ | ⑥ | ⑦ | ⑧ |
| | | | |

答え➡別冊9ページ

**③** 次の①～⑩のことばの意味を【ことばの意味】のア～コから選び、さらにそれぞれのことばがあてはまる状況《じょうきょう》を、【状況】のサ～トから選び、すべて記号で答えなさい。

① にわかに　② 取りつくろう　③ はぐらかす
④ 必然《ひつぜん》　⑤ やみくもに　⑥ たかをくくる
⑦ ないがしろ　⑧ 不可欠《ふかけつ》　⑨ かたくなだ
⑩ 取りつく島もない

【ことばの意味】

ア 必《かなら》ずそうなると決まっている
イ なくてはならない
ウ 話を変《か》えてごまかす
エ 急に。とつぜん
オ 後先を考えず。ただひたすらに
カ 意地を張《は》って変えようとしない
キ 見くびる。軽く考える
ク 冷《ひ》ややかでつっけんどんな
ケ そまつにする
コ なんとかうまくごまかす

【状況】

サ むやみやたらに行動しても結果《けっか》はでない。
シ 弟はむきになってぼくの話に耳をかたむけない。
ス 姉に聞いても話をそらされて教えてくれない。
セ 駅からそれほど歩かないだろうと甘《あま》くみていた。
ソ ねだろうにも話すらまともにさせてくれない。
タ これだけ努力《どりょく》したのだから受かるのも当然《とうぜん》だ。
チ このチームは君の力なしではとうてい勝てやしない。
ツ さっきまで晴れていたのに急に強く雨が降《ふ》り出した。
テ 自分のことなど後回しにされてしまうのだろうか。
ト もっともらしいうそをついてピンチを切りぬけた。

| | 意味 | 状況 |
|---|---|---|
| ① | | |
| ④ | | |
| ⑦ | | |
| ⑩ | | |

| | 意味 | 状況 |
|---|---|---|
| ② | | |
| ⑤ | | |
| ⑧ | | |

| | 意味 | 状況 |
|---|---|---|
| ③ | | |
| ⑥ | | |
| ⑨ | | |

# 仕上げの問題

**①** 次の①～⑤と反対の意味のことばと、⑥・⑦と似《に》た意味のことばを、あとのア～クから選《えら》び、記号で答えなさい。

① 普遍《ふへん》　② 相対　③ 必然《ひつぜん》　④ 分析《ぶんせき》　⑤ 主観《しゅかん》

⑥ 偏見《へんけん》　⑦ 倫理《りんり》

ア 客観《きゃっかん》　イ 道徳《どうとく》　ウ 偶然《ぐうぜん》　エ 絶対《ぜったい》　オ 総合《そうごう》

カ 特殊《とくしゅ》　キ 先入観《せんにゅうかん》　ク 一般《いっぱん》

| ① | ② | ③ | ④ | ⑤ | ⑥ | ⑦ |
| --- | --- | --- | --- | --- | --- | --- |
| | | | | | | |

**②** 次の①～⑤の〔　　〕にあてはまることばを、ア・イから選び、記号で答えなさい。

答え↓別冊9ページ

① テストの点は下がったが、平均点《へいきんてん》も下がったため、〔　　〕的《てき》な順位《じゅんい》は上がった。

ア 絶対　イ 相対

② さまざまな立場での研究成果《けんきゅうせいか》を〔　　〕して、全体像《ぜんたいぞう》をうかび上がらせる。

ア 総合　イ 分析

③ 実験《じっけん》の失敗《しっぱい》が、〔　　〕新しい発見につながった。

ア 必然　イ 偶然

④ 画家の〔　　〕でとらえた世界を表現《ひょうげん》した作品で、しろうとには理解《りかい》しがたい。

ア 主観　イ 客観

⑤ 全世界の言語を調査《ちょうさ》したところ、どの言語にもあてはまる〔　　〕な性質《せいしつ》があることがわかってきた。

ア 普遍的　イ 特殊

| ① | ② | ③ | ④ | ⑤ |
| --- | --- | --- | --- | --- |
| | | | | |

**③ 次の①～⑧の――線部のことばの意味としてあてはまるものを、ア～ウから選び、記号で答えなさい。**

① 物知りだからって、あまりひけらかすときらわれるよ。
ア 自慢《じまん》する。見せびらかす
イ 相手をばかにする
ウ 相手に気に入られるようにふるまう

② お年寄《としよ》りがおぼつかない足どりで階段《かいだん》を上っていった。
ア もたもたしない。ふらつかない
イ 頼《たよ》りない。しっかりしない
ウ 行く先がわからない

③ 先生の注意をないがしろにするとはなにごとだ。
ア 軽《かろ》んじる
イ 言いふらす
ウ 聞こえないふりをする

④ 友達《ともだち》ととりとめのない話をしているときがとても楽しい。
ア どうにもやめられない
イ まじめさがまったくない
ウ まとまりがない

⑤ 人目もはばからず、泣《な》いている。
ア 人から見られないように
イ 人から見えるように。かくさないで
ウ 人から見られることも気にしないで

⑥ 話題の本を、さも読んだかのように取りつくろったが、読んでないとすぐにばれてしまった。
ア 取り出して相手に見せた
イ うわべの態度《たいど》で見せかけた
ウ 大急ぎでななめ読みした

⑦ あんな大げさな計画が実現《じつげん》すると本当に信《しん》じているのか、いぶかしく思う。
ア 疑《うたが》わしく思う。なっとくできない
イ ばかばかしく思う。おかしいと思う
ウ 苦々しく思う。受け入れられないと思う

⑧ 近所の子どものさわぐ声に読書もままならない。
ア ゆるされない。まったくできない
イ 思うようにできない
ウ 心ゆくまで楽しめない

| ① | ② | ③ | ④ |
|---|---|---|---|
| | | | |
| ⑤ | ⑥ | ⑦ | ⑧ |
| | | | |

# 入試問題にチャレンジ〈初級《しょきゅう》〉

答え⬇別冊10～11ページ

**1** 次の①～⑤が四字熟語《じゅくご》となるように、下の（　）の意味を参《さん》考《こう》にしながら、A・Bにあてはまる反対の意味の漢字を答えなさい。

① 起A回B（だめなのを立ち直らせること）

② 空A絶《ぜっ》B（今までもそれに類《るい》するものごとがなく、将来《しょうらい》もなかろうと思われること）

③ A名B実（名ばかりで実質《じっしつ》がともなわないこと）

④ 一A一B（情勢《じょうせい》がよくなったかと思うとすぐに悪くなること）

⑤ A平無《む》B（自分の好《この》みなどで特別《とくべつ》あつかいすることがなく、すべて同じようにあつかうこと）

| | A | B |
|---|---|---|
| ① | | |
| ② | | |
| ③ | | |
| ④ | | |
| ⑤ | | |

（東京・大妻多摩中）

**2** 次の①・②のそれぞれ四つの四字熟語の□にあてはまる漢字を組み合わせて、二つの二字熟語を答えなさい。

［例］ 単刀《たんとう》□入 ↓ 直　適《てき》□適所《てきしょ》 ↓ 材
弱肉強□ ↓ 食　□進月歩 ↓ 日
（答え） 日直　食材《しょくざい》

① □前絶《ぜっ》後　言語□断《だん》　理□整然《せいぜん》　奇想《きそう》□外

② 有名無《む》□　□行方正　絶《ぜっ》□絶命《ぜつめい》　意□投合

| ① | ② |
|---|---|
| | |

（神奈川・公文国際学園中等部）

## ③

次の①～④が体の一部を用いた慣用句《かんようく》となるように、□にあてはまる共通《きょうつう》の漢字一字を答えなさい。

① □がきく　□が高い　□をあかす
② □が広い　□から火が出る　□にどろをぬる
③ □を焼《や》く　□に余《あま》る　□を切る
④ □が重い　□がかたい　□を割《わ》る

| ① | ② | ③ | ④ |
|---|---|---|---|
| | | | |

（東京・佼正学園中）

## ④

次の①～⑤の〔　〕にあてはまることばを、あとのア～オから選《えら》び、記号で答えなさい。

① なかなか言うことを聞かない妹に手を〔　〕。
② 夏休みも終わるころにようやく宿題に手を〔　〕。
③ 何事も最後《さいご》まで手を〔　〕ことをせずやりとげよう。
④ よくないと思うことからは早く手を〔　〕ことだ。
⑤ 世界平和のために国々が手を〔　〕。

ア 抜《ぬ》く　イ つける　ウ 引く　エ 結《むす》ぶ　オ 焼《や》く

| ① | ② | ③ | ④ | ⑤ |
|---|---|---|---|---|
| | | | | |

（東京・玉川聖学院中）

## ⑤

(1) 次の①～⑤のことわざと反対の意味を持つものを、あとのア～クから選び、記号で答えなさい。

① 立つ鳥後《あと》をにごさず　② 立板《たていた》に水
③ 勝ってかぶとの緒《お》をしめよ　④ せいては事を仕損《しそん》じる
⑤ あぶ蜂《はち》とらず

ア 棚《たな》からぼたもち　イ あとは野となれ山となれ
ウ 石の上にも三年　エ 一石二鳥
オ のどもと過ぎれば熱《あつ》さを忘《わす》れる　カ 口が重い
キ 二《に》の句《く》がつげない　ク 思い立ったが吉日《きちじつ》

| ① | ② | ③ | ④ | ⑤ |
|---|---|---|---|---|
| | | | | |

(2) 次の①～⑤のことわざ・慣用句とほぼ同じ意味のことばを、あとのア～クから選び、記号で答えなさい。

① 石橋をたたいて渡《わた》る　② けりがつく
③ 手を焼《や》く　④ 胸《むね》をなで下ろす　⑤ 音《ね》を上げる

ア こんなん　イ にんたい　ウ かんぺき
エ けっちゃく　オ こうさん　カ きゅうへん
キ しんちょう　ク あんしん

| ① | ② | ③ | ④ | ⑤ |
|---|---|---|---|---|
| | | | | |

（東京・明治大付中野中）

答え↓別冊12ページ

**1** 次の①〜⑤の意味にあてはまる四字熟語《じゅくご》を、あとの【語群《ごぐん》】から選《えら》び、漢字に直して答えなさい。

① 自分の利益《りえき》になるようにものごとを進めること。
② 美しい自然《しぜん》の風物や、それを楽しむ風流な心。
③ いまだかつて聞いたことのないようなこと。
④ やましいところがなく、堂々《どうどう》としているようす。
⑤ 一生に一度しかないような貴重《きちょう》な出会い。

【語群】 いちごいちえ　こうめいせいだい　がでんいんすい
　　　　かちょうふうげつ　ぜんだいみもん　いくどうおん

| | | | |
|---|---|---|---|
| ① | | ② | |
| ③ | | ④ | |
| ⑤ | | | |

（東京・かえつ有明中）

**2** 次の①・②の状況《じょうきょう》にあてはまる四字熟語を、あとの【語群】の漢字を組み合わせて答えなさい。ただし、同じ漢字を二回以《い》上《じょう》使わないこと。

① 三日間なにも食べていなかったA君は、久《ひさ》しぶりのご飯《はん》のためか、食べるのに夢中《むちゅう》で、B君が話しかけてもまったく聞こえないようだ。
② 夏休みに家族で登山に行った。初《はじ》めは晴れていたのに雲がかかって急に雨となり、また雲のすきまから青空が見え始めるという天気だった。

【語群】 化　田　千　下　一　乱　水　万　不　天　心　変

| | | | |
|---|---|---|---|
| ① | | ② | |

（神奈川・逗子開成中）

③ 次の①〜⑤が慣用句《かんようく》となるように、□にあてはまることばを、あとの【語群】から選び、答えなさい。さらに、それぞれの慣用句の意味を、【意味】のア〜オから選び、記号で答えなさい。

① おたがいに「□を割《わ》って」話そう。
② 彼《かれ》の話は「寝《ね》□に水」だった。
③ ぼくはついに彼と「□をならべる」までになった。
④ 先生のことばで「□からうろこが落ちた」ようだった。
⑤ 彼のひとことで「□がすく」思いだった。

【語群】 頭　目　耳　鼻　口　舌《した》　肩《かた》　胸《むね》　腕《うで》　腹《はら》

【意味】
ア 気がおさまる
イ 心の中を打ち明ける
ウ 急にものごとの真実がわかってくる
エ 対等の力を持つ
オ とつぜんで意外だ

| ① | | | ② | | | ③ | | |
|---|---|---|---|---|---|---|---|---|
| ④ | | | ⑤ | | | | | |

（兵庫・報徳学園中）

④ 次のことわざの意味が適当《てきとう》でないものを、ア〜エから選び、記号で答えなさい。

ア あぶ蜂《はち》とらず ＝ 二つのものを両方得《え》ようとして、どちらも手に入らないということ
イ 月夜にちょうちん ＝ 必要《ひつよう》でないものであるということ
ウ 船頭《せんどう》多くして船山《ふなやま》に上《のぼ》る ＝ 多くの人が協力《きょうりょく》すると予想以上《いじょう》の結果《けっか》がでるということ
エ 弘法《こうぼう》にも筆の誤《あやま》り ＝ 熟練《じゅくれん》した人も時には失敗《しっぱい》するということ

| |
|---|
| |

（東京・桜美林中）

⑤ 次の①〜④の外来語の意味としてあてはまるものを、あとのア〜オから選び、記号で答えなさい。

① ガイドブック　② インタビュー　③ エピソード
④ アイディア

ア 思いつき　イ 案内書《あんないしょ》　ウ ちょっとした話
エ 会見　オ 助言

| ① | | ② | | ③ | | ④ | |
|---|---|---|---|---|---|---|---|

（東京・和洋九段女子中）

# 入試問題にチャレンジ〈上級〉

答え➡別冊13ページ

**1** 次の①～⑥の四字熟語《じゅくご》を漢字に直して答えなさい。さらにそれぞれの四字熟語が〔　　〕にあてはまるものを、あとのア～カから選《えら》び、記号で答えなさい。

① てんぺんちい　② はくがくたさい
③ しんきいってん　④ ひんこうほうせい
⑤ りろせいぜん　⑥ いきとうごう

ア だれがどんなに難《むずか》しい質問《しつもん》をしても、〔　　〕な彼《かれ》は、すべて答えてしまう。
イ いつもながら彼の〔　　〕とした話しぶりには、感心させられてしまう。
ウ 残念《ざんねん》ながら一回戦《せん》で敗《やぶ》れたが、〔　　〕敗者復活戦《はいしゃふっかつせん》に臨《のぞ》み入賞《にゅうしょう》をはたした。
エ 今回選ばれた議員《ぎいん》は、変《へん》なうわさもなく、〔　　〕な人物として評判《ひょうばん》が高い。
オ 話しているうちに、出身地が同じであることがわかり、すっかり〔　　〕した。
カ 日本は豊《ゆた》かな自然《しぜん》にめぐまれているが、〔　　〕に見まわれることが多い。

| ① | ③ | ⑤ |
| --- | --- | --- |
| | | |
| ② | ④ | ⑥ |
| | | |

（東京・駒場東邦中）

**2** 次の①～⑤の〔　　〕にあてはまることばを、あとのア～キから選び、記号で答えなさい。

① 身に〔　　〕苦労《くろう》話を聞く。
② 恥《は》ずかしくて身の〔　　〕がない。
③ 定年後の身の〔　　〕を考える。
④ 身の毛が〔　　〕ほど恐《おそ》ろしい。
⑤ 今日は身を〔　　〕ような寒さだ。

ア 覚《おぼ》え　イ 置《お》き所　ウ よだつ　エ つまされる
オ つままれる　カ 切る　キ 振《ふ》り方

| ① | ② | ③ | ④ | ⑤ |
| --- | --- | --- | --- | --- |
| | | | | |

（大阪・清風南海学園中）

**③** 次の①～④の意味を表すことわざ・故事成語《こじせいご》に使われている漢字の組み合わせとしてあてはまるものを、あとのア～クから選び、記号で答えなさい。

① 特別《とくべつ》でない、ごくふつうの親から能力《のうりょく》の高い子が生まれること。

② 大きな集団《しゅうだん》で下位《かい》に甘《あま》んじるより、小さな集団の長になるほうがよいということ。

③ 弱者が強者の力を背景《はいけい》にいばること。

④ 弱いものでも追いこまれると強いものに反撃《はんげき》することもあるということ。

ア 犬・猿《さる》　イ 鶏《にわとり》・牛　ウ 鶴《つる》・亀《かめ》　エ 虎《とら》・狐《きつね》

オ 鼠《ねずみ》・猫《ねこ》　カ 人・馬　キ 鯨《くじら》・馬　ク 鳶《とび》・鷹《たか》

①　②　③　④

（東京・慶應中等部）

**④** 次の①・②の漢字から四字選んで四字熟語（故事成語）を一つ答えなさい。ただし、同じ漢字を二回以上《いじょう》使わないこと。

① 五 時 里 明 霧 無 夢 雪 中 山 松

② 医 同 工 源 異 雷 呉 付 舟 音 和

①　②

（兵庫・須磨学園中）

**⑤** 次の①～⑤の外来語を漢字で表したとき、□に入る漢字を答えなさい。

① アラーム → □報《ほう》

② クレーム → □情《じょう》

③ スチーム → □気

④ ブーム → □行

⑤ ユニフォーム → □服

①　②　③　④　⑤

（兵庫・灘中）

③

## ● 編著者紹介


### 海老原 成彦（えびはら なるひこ）


20年以上にわたり、サピックス小学部をはじめとする首都圏の大手進学塾で国語を指導。的確な入試分析と、生徒の学力に親身に寄り添う授業で、数多くの受験生を志望校合格へと導く。筑波大駒場や男女御三家などの最難関中学受験対策はもちろん、低学年生など、幅広い学力レベルの指導を経験。生徒ひとりひとりの能力を引き出し、国語の力を総合的に高めるための授業・教材について見識を磨いてきた。その豊富な経験を活かし、塾の広報担当として受験・子育てイベント会場で多くの保護者からの学習相談を受けた経験も持つ。エデュケーションフロンティア国語科主管。


シグマベスト
**中学入試　分野別集中レッスン**
**国語　語彙力**





編著者　海老原成彦
発行者　益井英郎
印刷所　株式会社天理時報社
発行所　株式会社文英堂
〒601-8121　京都市南区上鳥羽大物町28
〒162-0832　東京都新宿区岩戸町17
(代表)03-3269-4231

●落丁・乱丁はおとりかえします。

中学入試

# 分野別

## 集中レッスン

# 国語 語彙力

解答・解説

文英堂

# 1章 気持ちを表すことば

## 練習問題

（⇩P.18〜19）

**①** ①オ ②ア ③エ ④ク ⑤カ ⑥ウ ⑦キ ⑧イ

**✓チェック**

イの「いきどおる」は「腹《はら》を立てる」という意味です。
カの「苦り切る」は「機嫌《きげん》の悪いようす」という意味です。

**②** ①イ ②カ ③ア ④ク ⑤キ ⑥エ ⑦オ ⑧ウ

**✓チェック**

カの「くすぐったい」は、気持ちで使う場合、はずかしくて落ちつかない気持ちを表します。

**③** ①カ・ス ②ウ・サ ③イ・シ ④ク・タ ⑤コ・ツ ⑥キ・セ ⑦ア・チ ⑧ケ・テ ⑨エ・ソ ⑩オ・ト

**＋プラスアルファ**

イの「はりあい」とは「一生懸命《いっしょうけんめい》がんばる気持ち」という意味です。
チの「自信過剰《じしんかじょう》」とは「自信があり過《す》ぎて、実際《じっさい》よりも自分を偉《えら》く思うこと」という意味です。

---

## 仕上げの問題

（⇩P.20〜21）

**①** 〈＋の意味で使われるもの〉
アエキクサシセチ
〈－の意味で使われるもの〉
イウオカケコスソタツテト
※答えの順番《じゅんばん》がちがっていても正解《せいかい》です。

**✓チェック**

＋《プラス》の意味は「喜《よろこ》び」や「楽しさ」などを表すことばのこと。－《マイナス》の意味は「怒《いか》り」「不満《ふまん》」「悲しみ」などを表すことばのこと。

**②** ①キ ②ウ ③シ ④カ ⑤エ ⑥ク ⑦ア ⑧コ ⑨セ ⑩ソ ⑪オ ⑫イ ⑬ス ⑭ケ ⑮サ

**＋プラスアルファ**

カの「祈願《きがん》」とは「祈《いの》り願《ねが》うこと」という意味です。
セの「落胆《らくたん》」は「がっかりして力を落とす」という意味です。

# 2章 ようすを表すことば

## 練習問題

（⇩P.32〜33）

①
①オ ②キ ③イ ④ウ ⑤ア
⑥エ ⑦ク ⑧カ

**＋プラスアルファ**

⑦の「見返り」とは「相手がしてくれたことに対してお礼などをすること」という意味です。
⑧の「魅力《みりょく》」とは「人の心を引きつける力」という意味です。

②
①キ ②イ ③ウ ④ア ⑤ク
⑥カ ⑦オ ⑧エ

③
①オ・タ ②キ・テ ③ア・シ ④ウ・セ
⑤ケ・ト ⑥コ・サ ⑦イ・ス ⑧カ・チ
⑨ク・ツ ⑩エ・ソ

**＋プラスアルファ**

サの「他人行儀《ぎょうぎ》」とは「知らない人に対してのような、親しみのない態《たい》度《ど》を取ること」という意味です。

スの「勝ちほこる」とは「勝って、自慢《じまん》するようす」という意味です。

## 仕上げの問題

（⇩P.34〜35）

①
①ウ ②ア ③ウ ④ウ ⑤イ

**✓チェック**

②は「おおげさ」とあるので、アが適当です。

②
①ウ ②イ ③イ ④ウ ⑤ウ

③
①ウ ②エ ③ア ④イ ⑤ク
⑥オ ⑦カ ⑧ケ ⑨キ ⑩コ

④
①カ ②エ ③○ ④イ ⑤○
⑥ウ ⑦○ ⑧ア ⑨○ ⑩オ

**✓チェック**

①は「ていねいにおじぎをした」ということなので、「うやうやしい」が適当です。
②は「さわやかな風」とあるので「寒々しい」では合わない。「すがすがしい」が適当です。
④は「たどたどしい」が適当です。
⑥は「いばって見える」とあるので、「ふてぶてしい」が適当です。
⑧は冷《つめ》たい態度《たいど》を表すので、「よそよそしい」が適当です。
⑨は「北の」「荒野《こうや》」とあるので「寒々しい」が適当です。
⑩は、むしゃくしゃする気持ちをいっているので、「いまいましい」が適当です。

# 3章 三字熟《じゅく》語《ご》と四字熟語

## 練習問題

（⇩P.46～47）

**1** ①ウ ②ア ③ク ④カ ⑤オ ⑥キ ⑦イ ⑧エ

**2** ①ク ②イ ③キ ④エ ⑤ア ⑥カ ⑦オ ⑧ウ

**✓チェック** キの「自業自得《じごうじとく》」は、ふつう、悪い報《むく》いを受けるときに使います。

**3** ①キ・ス ②オ・テ ③ア・チ ④ク・セ ⑤ウ・サ ⑥イ・ツ ⑦ケ・ソ ⑧エ・シ ⑨コ・タ ⑩カ・ト

**＋プラスアルファ** ソの「かえりみない」とは「気にしない」という意味です。

---

## 仕上げの問題

（⇩P.48～49）

**1** ①ア ②イ ③ア ④イ ⑤ア

**✓チェック** ①③⑤は、それぞれ「なしとげたという気持ち」「ちがい」「親しみ」を「感じる」という意味になるので、「感」が適当です。

**2** 空前絶後　大同小異　言語道断　一日千秋　不言実行　自問自答

※答えの順番《じゅんばん》がちがっていても正解《せいかい》です。

**3** ①体 ②有 ③夢 ④言 ⑤喜

**✓チェック** ①は「絶対絶命」としないように。③は「無我無中」ではない。⑤も「気色満面」としないように。

**4** ①意味深長 ②自画自賛 ③取捨選択 ④以心伝心 ⑤前代未聞 ⑥枝葉末節 ⑦針小棒大 ⑧臨機応変 ⑨異口同音 ⑩電光石火

**✓チェック** どれも問題にあるようなまちがいをしやすいので、気をつけよう。

**5** ①コ ②カ ③ウ ④エ ⑤オ ⑥ク ⑦ア ⑧イ ⑨ケ ⑩キ

**✓チェック** 初《はじ》めて見ることばは、漢字や熟語《じゅくご》の意味をつなぎ合わせて、語全体の意味を考えてみよう。

# 4章 慣用句《かんようく》

## 練習問題

（⇩P.60～61）

①
①ア ②エ ③ウ ④ク ⑤オ
⑥カ ⑦キ ⑧イ

✓チェック

同じ「目」や「手」を使っていても、下につくことばによって意味が変《か》わるので、ちがいをきちんとおぼえておこう。

②
①ウ ②ク ③エ ④オ ⑤イ
⑥キ ⑦ア ⑧カ

＋プラスアルファ

キの「折《お》り紙つき」の「折り紙」とは、もともと美術品《びじゅつひん》などの鑑定書《かんていしょ》（その品物が良《よ》いものであると保証《ほしょう》した証明書《しょうめいしょ》）のことを指します。

③
①ウ・タ ②カ・サ ③ケ・ス ④ア・セ
⑤エ・チ ⑥キ・テ ⑦コ・ト ⑧イ・ソ
⑨オ・ツ ⑩ク・シ

＋プラスアルファ

ソの「苦言」とは「その人のためにあえて言う忠告《ちゅうこく》」という意味です。

---

## 仕上げの問題

（⇩P.62～63）

①
①胸 ②手 ③目 ④骨 ⑤腹
⑥耳 ⑦鼻 ⑧足 ⑨顔

＋プラスアルファ

①の「胸《むね》がつまる」は「気持ちが高ぶって胸がいっぱいになる」という意味。「胸がすく」は「心が晴れやかになる」という意味です。
④の「骨《ほね》が折《お》れる」は「困難《こんなん》である」という意味。「骨をうずめる」は「その土地で一生を終えて死ぬ」という意味です。

②
①持つ ②折る ③にごす ④けずる ⑤かける
⑥切る ⑦つく ⑧つける ⑨余る

✓チェック

ひらがなで書いてもまちがいではないが、なるべく漢字で書けるものは書くようにしよう。

③
①足 ②目 ③鼻 ④顔 ⑤口
⑥手 ⑦耳 ⑧歯 ⑨足 ⑩手
⑪鼻 ⑫指 ⑬手 ⑭鼻 ⑮顔
⑯頭 ⑰肩 ⑱耳 ⑲顔 ⑳手

✓チェック

⑦の「たこができる」の「たこ」は、手や足のよく使う部分にできる、皮が固《かた》くなったもののこと。
⑱は、下の意味に「聞いたことが信《しん》じられない」とあるので、「目を疑《うたが》う」ではなく「耳を疑う」が適当です。

# 5章 ことわざと故事成語《こじせいご》

## 練習問題 （⇩ P.74〜75）

**①** ① エ ② カ ③ ク ④ オ ⑤ キ ⑥ ア ⑦ ウ ⑧ イ ⑨ ケ ⑩ コ

**✓チェック**

①の「とらぬたぬきの皮算用」とは、まだつかまえていないたぬきの皮を売ったもうけを計算していることをいいます。
②の「あばた」とは、病気でできた吹《ふ》き出物《でもの》のあとのこと。
⑧の「たすき」とは、着物のそでをまとめるためのひものこと。

**②** ① オ ② ウ ③ ア ④ イ ⑤ エ

**✓チェック**

故事成語は、そのことばがどうしてできたのかというお話（↓本冊《ほんさつ》P.72〜73の下段《げだん》）もいっしょにおぼえておこう。

**③** ① エ・シ ② キ・サ ③ ケ・ツ ④ ウ・ト ⑤ カ・タ ⑥ コ・セ ⑦ イ・ス ⑧ ア・ソ ⑨ オ・テ ⑩ ク・チ

**＋プラスアルファ**

サの「よってたかって」とは「大勢《おおぜい》で寄《よ》り集まって」という意味です。チの「地道」とは、まじめにこつこつ仕事などをするようすを表します。

---

## 仕上げの問題 （⇩ P.76〜77）

**①** ① 三 ② 百 ③ 三 ④ 五 ⑤ 七 ⑥ 三 ⑦ 七・八 ⑧ 一・万 ⑨ 九・一 ⑩ 千・一

**✓チェック**

それぞれのことわざの意味も、辞書《じしょ》などを引いておぼえておこう。
③の「三文《さんもん》」の「文」は、昔のお金の単位《たんい》。
④の「一寸《いっすん》」「五分《ごぶ》」の「寸」「分」は、ともに昔の長さの単位。

**②** ① はち ② うま ③ さる ④ たぬき ⑤ つる ⑥ かめ ⑦ ねこ ⑧ えび ⑨ きつね ⑩ たか

**✓チェック**

問題に「ひらがなで」とあるのに注意。ここでは逆《ぎゃく》に漢字で答えを書いたら、まちがい。❶と同じく、知らないことわざの意味は辞書などで調べておこう。

**③** ① コ ② ケ ③ エ ④ ク ⑤ キ ⑥ ウ ⑦ オ ⑧ イ ⑨ カ ⑩ ア

**④** ① カ ② ク ③ イ ④ ウ ⑤ エ ⑥ ケ ⑦ キ ⑧ ア ⑨ オ ⑩ コ

**＋プラスアルファ**

⑨の「まかぬ種《たね》は生えぬ」とは、種をまかなければ芽《め》が生えてこないことから、努力《どりょく》をせずに良《よ》い結果《けっか》は期待できないという意味です。
ケの「どろぼうをとらえて縄《なわ》をなう」とは、どろぼうをつかまえてから初《はじ》めて、そのどろぼうをしばるための縄《なわ》を作り始めることをいいます。

## 6章 外来語

### 練習問題

（⇩P.88〜89）

①

①エ ②カ ③ク ④イ ⑤ウ

⑥ア ⑦オ ⑧キ

②

①エ ②キ ③オ ④ク ⑤カ

⑥ア ⑦イ ⑧ウ

**＋プラスアルファ**

オの「エチケット」と似《に》たことばとして「マナー」という語もある。

③

①ケ・セ ②キ・ト ③オ・チ ④ウ・シ

⑤カ・ス ⑥ア・ツ ⑦エ・テ ⑧イ・ソ

⑨ク・タ ⑩コ・サ

**✓チェック**

どんなことばでも同じですが、特《とく》に外来語は「なんとなくこんなイメージのことば」というくらいの理解《りかい》で使って、意味を誤解《ごかい》していることがあります。イメージだけですませず、きちんと正しい意味を理解しておこう。

---

### 仕上げの問題

（⇩P.90〜91）

①

①ウ ②ク ③コ ④エ ⑤ア

⑥ケ ⑦イ ⑧オ ⑨キ ⑩カ

②

①オ ②イ ③コ ④ア ⑤エ

⑥ウ ⑦ク ⑧カ ⑨キ ⑩ケ

③

①イ ②ア ③ア ④イ ⑤イ

**✓チェック**

①は「選手《せんしゅ》」とあるので、イ。

②は作家の心の動きに近づくという意味なので、ア。

④の「在宅《ざいたく》ケア」は、病院などではなく自宅《じたく》で高齢者《こうれいしゃ》の世話をすること。

⑤はアの「流行」の方がよく使われるが、ここでは社会の動きという意味なので、イ。

④

①エ ②キ ③カ ④ア ⑤ウ

⑥オ ⑦イ

**✓チェック**

二つ以上のことばが組み合わさってできています。

①＝インフォメーション（案内《あんない》）＋センター（中心となる場所）

②＝ケア（注意）＋レス（欠《か》く）→不注意《ふちゅうい》＋ミス（まちがい）

③＝バーチャル（仮想《かそう》）＋リアリティー（現実《げんじつ》）

④＝セキュリティ（防犯《ぼうはん》）＋システム（設備《せつび》）

⑤＝ストリート（路上《ろじょう》）＋パフォーマンス（上演《じょうえん》）

⑥＝マス（大量《たいりょう》）＋メディア（情報《じょうほう》を仲立《なかだ》ちする媒体《ばいたい》）

⑦＝ハイ（高い）＋クオリティー（品質《ひんしつ》）

# 7章 入試《にゅうし》によく出ることば

## 練習問題 （⇩P.102〜103）

① ①ウ ②ア ③オ ④キ ⑤カ
⑥ク ⑦イ ⑧エ

② ①ア ②オ ③キ ④エ ⑤イ
⑥カ ⑦ウ ⑧ク

**＋プラスアルファ**
イに似《に》たことばで、「いいかげんで何もしない」という意味の「なおざり」という語もあります。

③ ①エ・ツ ②コ・ト ③ウ・ス ④ア・タ
⑤オ・サ ⑥キ・セ ⑦ケ・テ ⑧イ・チ
⑨カ・シ ⑩ク・ソ

**✓チェック**
⑥の「たかをくくる」の「たか」は数量《すうりょう》のことで、「くくる」はまとめること。大体これくらいだろうとまとめることから「見くびる」という意味に変化《へんか》しました。

**＋プラスアルファ**
サの「むやみやたらに」も「後先《あとさき》を考えずに」という意味です。
トの「もっともらしい」とは「本当のように見える」という意味です。

## 仕上げの問題 （⇩P.104〜105）

① ①カ ②エ ③ウ ④オ ⑤ア
⑥キ ⑦イ

**✓チェック**
④の「分析《ぶんせき》」と「総合《そうごう》」は忘《わす》れやすいので、注意しよう。

② ①イ ②ア ③イ ④ア ⑤ア

**✓チェック**
①は平均点《へいきんてん》との関係《かんけい》で順位《じゅんい》が上がったので、イの「相対」的《てき》が適当です。
⑤は「どの言語にもあてはまる」とあるので、アの「普遍的《ふへんてき》」が適当です。

③ ①ア ②イ ③ア ④ウ ⑤ウ
⑥イ ⑦ア ⑧イ

**✓チェック**
⑤は「人目をはばかる」で「人に見られないように気をつける」という意味。ここでは「はばからず」となっているので、「気にしないで」という意味です。ただし、イのように、わざと「見えるように」するわけではありません。
⑧の「ままならない」は、思い通りにならないという意味なので、アの「ゆるされない。まったくできない」では行《い》き過《す》ぎ。

# 入試問題にチャレンジ〈初級《しょきゅう》〉

（⇩P.106〜107）

## ①

① 死・生　② 前・後　③ 有・無　④ 進・退
⑤ 公・私

**✓チェック**

①の「起死」も「回生」も、ともに「生き返る」という意味です。
②の「空前」は「それまでに例《れい》がなかったこと」、「絶後《ぜつご》」は「これから先にも同じようなことが起きないこと」という意味です。
③の「無実《むじつ》」の「実」は、「中身」とか「内容《ないよう》」という意味です。
④は「一歩進んだり一歩退《しりぞ》いたりする」という意味から、状況《じょうきょう》が良《よ》くなったり悪くなったりすることを表します。
⑤の「公平」は「えこひいきがないこと」、「無私《むし》」は「自分だけ利益《りえき》を得《え》ようとする心がないこと」という意味です。

## ②

① 天空・道路　② 実体・気品
※答えの順番《じゅんばん》がちがっていても正解《せいかい》です。

**✓チェック**

①は、上から「空前絶後《くうぜんぜつご》」「言語道断《ごんごどうだん》」「理路整然《りろせいぜん》」「奇想天外《きそうてんがい》」。□に入るのは「空」「道」「路」「天」が適当です。
②は、上から「有名無実《ゆうめいむじつ》」「品行方正」「絶体絶命《ぜったいぜつめい》」「意気投合」。□に入るのは「実」「品」「体」「気」が適当です。

## ③

① 鼻　② 顔　③ 手　④ 口

**＋プラスアルファ**

それぞれの語の意味もいっしょにおぼえよう。
①「鼻がきく」は、利益になりそうなことをうまく見つけること。
「鼻が高い」は、得意《とくい》になること。
「鼻をあかす」は、相手を出しぬいておどろかせること。
②「顔が広い」は、いろいろな人を知っていること。
「顔から火が出る」は、とてもはずかしい思いをすること。
「顔にどろをぬる」は、はじをかかせること。
③「手を焼《や》く」は、あつかいに苦労《くろう》すること。
「手に余《あま》る」は、どうあつかってよいのかわからないこと。
「手を切る」は、それまでの関係をなくすこと。
④「口が重い」は、口数が少なく、あまり話さないこと。
「口がかたい」は、秘密《ひみつ》などを簡単《かんたん》に話さないこと。
「口を割《わ》る」は、かくしていたことなどを、しかたなく話すこと。

## ④

① オ　② イ　③ ア　④ ウ　⑤ エ

**＋プラスアルファ**

「手」を使った慣用句《かんようく》はたくさんあるので、出てきたときに確認《かくにん》していこう。
②の「手をつける」は「物事を始める」という意味です。
③の「手を抜《ぬ》く」は「仕事などを、いいかげんにする」という意味です。
④の「手を引く」は「それまでの関係をなくす」という意味です。
⑤の「手を結《むす》ぶ」は「協力《きょうりょく》してことにあたる」という意味です。

⑤

(1) ① イ ② カ ③ オ ④ ク ⑤ エ

(2) ① キ ② エ ③ ア ④ ク ⑤ オ

**✓チェック**

(1) ②の「立板《たていた》に水」は、すらすらとよく話すようすを表すので、反対の意味はカの「口が重い」が適当です。キの「二《に》の句《く》がつげない」は「あきれたりして、次のことばが出てこない」という意味です。

③の「勝ってかぶとの緒《お》をしめよ」は「勝負に勝っても油断《ゆだん》せず、心をひきしめて、ことにあたること」という意味なので、反対のことばはオの「のどもと過《す》ぎれば熱《あつ》さを忘れる」が適当です。

(2) ②の「けりがつく」は「ものごとの決着がつく」という意味。「けりをつける」(→本冊《ほんさつ》P.55)と似《に》ているが、「けりをつける」の方は、ものごとを終わりにすること。

④の「胸《むね》をなで下ろす」は「安心する」という意味です。

## 入試問題にチャレンジ〈中級〉

（⇩P.108〜109）

**1** ①我田引水　②花鳥風月　③前代未聞
④公明正大　⑤一期一会

✓チェック

①は「自分の利益《りえき》になるように」とあるので「我田引水《がでんいんすい》」。「自分の田にだけ水を引く」ということから、①のような意味になりました。（→本冊《ほんさつ》P.44）

②は「美しい自然《しぜん》」とあるので「花鳥風月」。

③の「前代未聞《ぜんだいみもん》」（→本冊P.41）は「ぜんだいみぶん」などと読まないように注意しよう。

④の「公明正大」は「公平で、正しくことがおこなわれるようす」という意味。「やましい」は「自分が悪いことをしたと思って、はずかしくなる」という意味です。

⑤の「一期《いちご》」は「一生」という意味。「一会《いちえ》」は「一度会うこと」という意味。一生に一度だから「貴重《きちょう》な出会い」という意味になります。「いっきいちかい」などと読まないように注意しよう。

【語群《ごぐん》】に残《のこ》った「いくどうおん」は漢字で書くと「異口同音」。「多くの人が同じことを言う」という意味です。（→本冊P.42）

**2** ①一心不乱　②千変万化

✓チェック

①は、一つのことに集中しているようすを表すことばなので「一心不乱」が適当です。

②は、さまざまに変化《へんか》しているようすを表すことばなので「千変万化」が適当です。

**3** ①腹・イ　②耳・オ　③肩・エ　④目・ウ
⑤胸・ア

✓チェック

①の「腹《はら》を割《わ》る」は「かくしごとをしないで、正直に本心を言う」という意味なので、イ。

②の「寝耳《ねみみ》に水」は「とつぜんのできごとにおどろく」ということから、オ。

③の「肩《かた》をならべる」は、同じ位置《いち》に立つということから、エの意味になります。

④の「目からうろこが落ちる」は、急に視野《しや》が開けて、ものごとの状態《じょうたい》がよくわかるようになることなので、ウ。

⑤の「胸《むね》がすく」の「すく」は「つかえていたものがなくなる」という意味なので、アが適当です。

**4** ウ

✓チェック

ウの「船頭《せんどう》多くして船山《ふなやま》に上《のぼ》る」は、正しくは「指図する人が多くて、ものごとがまとまらず、かえって変な方向に進んでいくこと」という意味です。

**5** ①イ　②エ　③ウ　④ア

✓チェック

どれもよく見かける外来語です。どんな場面で使われているかを考えて、正しい意味をみつけよう。

## 入試問題にチャレンジ〈上級〉

（⇩P.110～111）

①
① 天変地異・カ　② 博学多才・ア　③ 心機一転・ウ
④ 品行方正・エ　⑤ 理路整然・イ　⑥ 意気投合・オ

✓チェック

アは「難《むずか》しい質問《しつもん》をしても」「答えてしまう」ことから、②の「博学多《はくがくた》才《さい》」が適当です。

イは「感心させられ」る「話しぶり」とあるので、⑤の「理路整然《りろせいぜん》」が適当です。

ウは「一回戦《せん》で敗《やぶ》れた」あと、③の「心機一転《しんきいってん》」して「敗者復活戦《はいしゃふっかつせん》」で勝ったという流れになります。

エは「変《へん》なうわさ」のない人物なので、④の「品行方正」が適当です。

オは「出身地が同じ」ことから、⑥の「意気投合」したという流れになります。

カは「自然《しぜん》」が「豊《ゆた》か」であるが、①の「天変地異《てんぺんちい》」も多いという流れになります。

②
① エ　② イ　③ キ　④ ウ　⑤ カ

＋プラスアルファ

それぞれの語の意味もいっしょにおぼえよう。

①の「身につまされる」は「他人の不幸《ふこう》などが自分のことのように思われる」という意味。オの「つまれる」とまちがえないように。

②の「身の置《お》き所がない」は「はずかしさなどで、その場から逃《に》げだしたい気持ちになる」という意味です。

③の「身の振《ふ》り方」は「自分の将来《しょうらい》についての方向」という意味です。

④の「身の毛がよだつ」とは、体中の毛がさか立つこと。非常《ひじょう》におそろしいことを言い表すときに使います。

⑤の「身を切る」とは、寒さなどが非常にきびしいようすを表します。

③
① ク　② イ　③ エ　④ オ

✓チェック

①は「鳶《とび》が鷹《たか》を生む」なので、ク。

②は「鶏口《けいこう》となるも牛後《ぎゅうご》となるなかれ」なので、イ。四字熟語《じゅくご》で「鶏口牛後」ともいいます。「鶏口」は、にわとりのくちばしのことで、「牛後」は、牛の尻《しり》のことです。

③は「虎《とら》の威《い》を借《か》る狐《きつね》」なので、エ。「威」は「人をおそれさせ従《したが》わせる力」という意味。虎(強者)の威を借りて狐(弱者)がいばる、ということ。

④は「窮鼠猫《きゅうそねこ》を噛《か》む」なので、オ。追いつめられた鼠《ねずみ》が猫にかみつく、ということ。

④
① 五里霧中　② 付和雷同

✓チェック

①は「霧中」を「夢中」としないように注意。

②は「付和」を「不和」とまちがえないように注意。

⑤
① 警　② 苦　③ 蒸　④ 流　⑤ 制

✓チェック

外来語は、カタカナ語だけおぼえているのでなく、熟語などに言いかえができるようにしておこう。

(M E M O)